David G. Cooper, Ronald D. Laing
Vernunft und Gewalt

Drei Kommentare zu Sartres Philosophie
1950–1960

Suhrkamp Verlag

Titel der Originalausgabe: *Reason & Violence. A Decade of Sartre's Philosophy 1950-1960*, Tavistock Publications Limited, London
Aus dem Englischen übersetzt von Inge Teichmann

edition suhrkamp 574
Erste Auflage 1973
© R. D. Laing and D. G. Cooper, 1964, 1971. © der deutschen Ausgabe: Suhrkamp Verlag Frankfurt am Main 1973. Deutsche Erstausgabe. Printed in Germany. Alle Rechte vorbehalten, insbesondere das des öffentlichen Vortrags und der Übertragung durch Rundfunk und Fernsehen, auch einzelner Teile. Satz, in Linotype Garamond, Druck und Bindung bei Georg Wagner, Nördlingen. Gesamtausstattung Willy Fleckhaus.

Statt eines Vorworts

Ich habe das Werk, das Sie mir freundlicherweise übergeben haben, aufmerksam gelesen und darin zu meiner großen Freude ein sehr klares und sehr getreues Exposé meiner Theorie gefunden. Mehr noch als Ihre ausgezeichnete Analyse der *Kritik der dialektischen Vernunft* besticht mich an diesem Buch, wie auch an Ihren früheren Arbeiten, Ihr ständiges Bemühen um ein ›existentielles‹ Verständnis der Geisteskranken. Ich bin wie Sie der Meinung, daß man psychische Störungen nicht *von außen*, auf Grund eines positivistischen Determinismus, verstehen noch durch eine Kombination von Begriffen rekonstruieren kann, die außerhalb der erlebten Krankheit bleiben. Ich glaube ebenfalls, daß man eine Neurose weder untersuchen noch heilen kann ohne eine grundsätzliche Respektierung der Person des Patienten, ohne ständige Anstrengung, seine Grundsituation zu begreifen und nachzuvollziehen, ohne herauszufinden, wie diese Person auf diese Situation reagiert, und ich halte – ebenso wie Sie, glaube ich – Geisteskrankheit für den Ausweg, den der freie Organismus in seiner totalen Einheit erfindet, um eine unerträgliche Situation ertragen zu können. Aus diesem Grunde messe ich Ihren Untersuchungen den allergrößten Wert bei, besonders Ihrer Untersuchung des familialen Milieus als Gruppe und als Serie; ich bin überzeugt, daß Ihre Bemühungen dazu beitragen, uns der Zeit näher zu bringen, in der die Psychiatrie endlich eine *humane* Psychiatrie sein wird. Ich danke Ihnen für Ihr Vertrauen und versichere Sie meiner aufmerksamen Hochachtung.

9. November 1963   *Jean-Paul Sartre*

Einleitung

Die drei in dem vorliegenden Band behandelten Werke Jean-Paul Sartres, *Saint Genet. Comédien et martyr* (1952)[1], *Questions de méthode* (1960)[2] und *Critique de la raison dialectique* (1960)[3], bilden zusammen ein gewaltiges Lehrgebäude. Das schafft Schwierigkeiten für den Interpreten, vor allem die Gefahr einer Verkürzung der Argumentation. Wir haben das rigorose und für einige Leser vielleicht komplizierte Verfahren gewählt, dem roten Faden des Sartreschen Denkens zu folgen, ohne seinen oft sehr ausführlichen Erläuterungen viel Raum zu gewähren.

Von Karl Marx wird gesagt, er habe keine Zeit zum Schreiben kurzer Bücher gehabt. Von dem vorliegenden Buch kann man sagen, daß es ein langes kurzes Buch ist: es hat lange gedauert, bis es geschrieben war, und es wird lange dauern, bis es gelesen ist. An jeder Stelle dieses Bandes setzen wir uns mit hochkomplexen Gedankengängen auseinander, und theoretische Entscheidungen auf einer solchen Stufe bergen Konsequenzen für eine Vielzahl praktischer Angelegenheiten. Es geht in diesem Buch um eine Erkenntnisanstrengung zum Verständnis des Menschen; also haben wir es mit einem ehrgeizigen theoretischen Vorhaben zu tun, das nichts weniger als eine – wie Sartre es nennt – *Totalisierung* der gesellschaftlich-historischen Erkenntnis ist. Wir haben eine systematische Theorie vor uns, die darauf zielt, das gesamte Spektrum von der individuellen Phantasie über die interpersonellen Beziehungen und soziotechnische Systeme bis hin zu Beziehungen zwischen den Gruppen zu begreifen. Sartres Ziel ist es, systematisch zu sein, ohne ein geschlossenes und abgeschlossenes Sytem anbieten zu wollen; diese in der Entwicklung begriffene Totalisierung verzichtet auf den Anspruch oder die Absicht, Totalität definitiv zu erfassen.

1 Erschienen bei Gallimard, Paris (bisher nicht ins Deutsche übertragen).
2 Deutsche Ausgabe: *Marxismus und Existentialismus. Versuch einer Methodik.* Reinbek 1964.
3 Deutsche Ausgabe: *Kritik der dialektischen Vernunft. Theorie der gesellschaftlichen Praxis,* Reinbek 1967.

Im folgenden werden wir zunächst einige von Sartres wichtigsten Begriffen und Vorstellungen, sodann die Beziehung der hier behandelten Schriften zur Sprachphilosophie, Soziologie, Psychoanalyse und zum Marxismus kommentieren.

Sartre hat die Neigung, seine Begriffe mehr zu verwenden als sie zu definieren. Dies paßt, da seine Begriffe auf jeder Stufe des Konkreten neue Bedeutungen annehmen und die alten in größeren Synthesen subsumieren, zu seiner dialektischen Strategie. Die Dialektik ist für Sartre eine Methode sowohl zur Aufarbeitung der Erfahrung des Konkreten als auch zur Entwicklung eines solcher Erfahrung adäquaten Vorstellungsschemas. Aber diese Strategie ist noch nicht alles. Wenn Erkennen ein notwendiges Wechselspiel zwischen Wahrnehmung und Vorstellung ist, indem das eine das andere speist, so bleibt die Frage nach dem, was wahrgenommen, und nach dem, von dem eine Vorstellung gebildet wird.

Sartre zufolge gibt es eine Sphäre des Seins, in der dialektische Prinzipien für das Wesen des Erkannten konstitutiv sind: die Sphäre der menschlichen Geschichte. Was nun die Prozesse der nicht-menschlichen Welt betrifft, die Sphäre der Naturwissenschaften, so kann die Dialektik zwar regulative, aber keine konstitutiven Prinzipien beisteuern. Daher verwendet Sartre im Bereich des Menschlichen die Dialektik, um sowohl die Relation zwischen Erkennendem und Erkanntem als auch das Wesen des Erkannten zu charakterisieren. Wahrscheinlich in Anspielung auf Durkheim stellt Sartre fest, daß gesellschaftliche Fakten in dem Maße Dinge sind, wie Dinge gesellschaftliche Fakten sind.

Erinnern wir uns, daß Kant vier Gruppen zu je drei Kategorien aufstellte.[4] Zur dritten Kategorie in einer jeden Gruppe gelangt man durch die Synthese der ersten und zweiten Kategorie. Diese Kantsche Vorstellung von Synthese ist im Sinne von Hegel-Marx-Sartre zumindest im Keim dialektisch. Kants erste Gruppe ist für Sartres gegenwärtige Arbeit besonders nützlich. Die Synthese von Vielheit und Einheit ist eine Tota-

---

4 Drei Kategorien der Quantität (Einheit, Vielheit, Allheit), drei der Qualität (Realität, Negation, Limitation), drei der Relation (Inhärenz/Subsistenz, Kausalität/Dependenz, Gemeinschaft) und drei der Modalität (Möglichkeit/Unmöglichkeit, Dasein/Nichtdasein, Notwendigkeit/Zufälligkeit) *(Anm. des Üb.)*

lität – eine Vielheit in der Einheit oder eine vereinte Vielheit. Doch für Sartre bestehen in der Geschichte keine endgültigen Totalitäten; es gibt lediglich Totalisierungen-Detotalisierungen-Retotalisierungen, wobei Sartre den Begriff »Totalisierung« sowohl für den Vorgang des Totalisierens des Feldes des Gegebenen als auch für das zu totalisierende Feld verwendet. Diese totalisierten bzw. totalisierenden Objekte und Subjekte, diese von den anderen oder von den Individuen, aus denen sie bestehen, synthetisch vereinigten Vielheiten liefern den Schlüssel zum Verstehen der Geschichte.

Eine Totalisierung, die auf irgendeine Weise von dem sie konstituierenden Vorgang getrennt und als abgeschlossene Entität festgesetzt worden ist, heißt Totalität. Indes haben Hegel und Marx gezeigt, daß die entscheidende Voraussetzung für die Veränderung in der Geschichte darin besteht, daß jede Totalisierung einer Detotalisierung unterzogen wird.

In seiner *Phänomenologie des Geistes* versuchte Hegel zu zeigen, daß viele Aspekte der Wirklichkeit sich zu einem in sich schlüssigen Bild von der Welt vereinigen lassen, in dessen Rahmen spezielle Ereignisse, Erfahrungen, Handlungen ihren Platz finden und entsprechend gedeutet werden können. Jedoch kann man auch zu einer anderen, gleichermaßen in sich schlüssigen, gleichermaßen systematischen und allem Anschein nach umfassenden Synthese gelangen, der zufolge man dieselben Geschehnisse bzw. dieselbe Situation auf Weisen deuten kann, die denen der oben genannten Synthese völlig widersprechen. Jede spezielle Perspektive, jeder spezielle Standpunkt ist das Zentrum einer Welt, aber nicht das einer anderen Welt. Jeder Standpunkt ist ein Absolutes und gleichzeitig absolut negativ: Kollisionen zwischen Standpunkten rufen eine endlose Instabilität hervor; geheime Einverständnisse sind Versuche auf einem Wege zur Stabilisierung.

Hegels Methode, die endlos, unerbittliche Annullierung eines Standpunktes durch einen anderen zu untersuchen, war seine Dialektik. Zunächst scheint jeder Standpunkt die ganze Wahrheit zu sein; dann aber stellt sich von einem anderen Standpunkt her die erste Synthese der Situation – die erste *Totalisierung,* wie Sartre sagen würde – als relativ, ja, wie wir argwöhnen, als falsch heraus; als so einleuchtend mag sich der zweite Standpunkt erweisen. Doch hernach stellen wir eine

dritte, vierte, fünfte, ... n + 1te Perspektive fest, eine jede,
wenn wir uns in sie vertiefen, überzeugender, bei der Durch-
führung einer Synthese systematischer als die anderen, und
kein Standpunkt leuchtet dem Skeptiker mehr ein als Skeptizismus gegenüber allen Standpunkten, einschließlich dem eigenen Standpunkt. Keine Totalisierung kann eine die endgül-
tige Wahrheit umfassende Totalität sein. Keine kann, aus demselben Grund, gänzlich falsch sein. Jede ist relativ, und als etwas Relatives kann jede eine relative Gültigkeit besitzen. Man
sieht, wie sich schließlich eine Synthese aus allen anderen vor-
stellbaren Synthesen herausschält. Man brüstet sich vielleicht
damit, daß die eigene Synthese die umfassende Wahrheit enthält – bis solcher Hochmut durch die Einsicht gedämpft wird,
daß dieser Synthese gar nichts anderes widerfahren kann, als
in einer anderen Synthese verzehrt, in der Totalisierung eines
anderen detotalisiert zu werden usw. *ad infinitum.*

Der *Akt,* eine *Anzahl* (Menschen) als *Einheit* wahrzunehmen,
ist der Ausgangspunkt einer Gruppenbildung. Dieser Akt ru-
dimentärer Gruppen-Synthese klammert sozusagen eine Anzahl Menschen zusammen. Ich klammere dich und ihn zusammen – ich nehme sowohl dich als auch ihn wahr und denke von
dir und ihm dennoch als von euch oder ihnen. »Euch« oder
»ihnen« ist nunmehr eine soziale Entität, eine soziale Gestalt
geworden, die ich für mich konstituiert habe, indem ich aus
zwei Individuen ein soziales Ganzes gemacht habe. Eins und
eins macht zwei.

Doch ist diese neue Summenziehung, diese Fusion von Unität
und Pluralität, keine einfach zu beschreibende Operation. Sartre untersucht das Wesen dieser menschlichen Totalisierungen
phänomenologisch, was nichts anderes bedeutet als dialektisch.
Er untersucht unanalogisch. Die Totalisierung ist eine Handlung; sie verändert den Handelnden, sie verändert das, um das
es sich handelt, und sie verändert die Beziehung zwischen beiden. Und diese Dialektik kann ausschließlich dialektisch erfaßt werden. Sartre behauptet, daß die Kategorien der, wie
er sie nennt, analytischen und positiven Vernunft uns hier im
Stich lassen und daß es uns nur in einer und durch eine der
vor uns liegenden Realität adäquaten Form von Vernunft gelingt, sie zu denken. Das heißt: Denken ist ein Typus der Praxis, das Objektdenken ein Typus des Handelns. Sartre nimmt

in seinem Werk nicht explizit auf Vico Bezug, doch scheint dies für beide *verum factum* zu sein.

Irgendeinen Aspekt im Bereich der menschlichen Geschichte nicht-dialektisch zu betrachten, bedeutet nach Sartres Auffassung notwendigerweise, unsere Wahrnehmungen, damit sie in unsere Vorstellungen passen, zu verfälschen, unsere konkrete Erfahrung durch Reifikation, Extrapolation, Abstraktion, falsche Analogien und andere Operationen zu verzerren, sie zu einer Form zurechtzukneten, mit der die analytisch-positive Vernunft etwas anfangen kann. Wir versuchen, die menschliche Realität zu einer Form zu konstituieren, die ihrem eigenen Wesen Gewalt antut.

Sartre betrachtet die analytische Vernunft als eine Widerspiegelung der Art und Weise, wie die europäische Gesellschaft eine Zeit lang strukturiert war. Diese Zeit ist zwar vorüber, aber ihre Widerspiegelung ist geblieben und jetzt in zeitgemäße Formen übergegangen. Doch kann uns keine mögliche Umwandlung der analytisch-positiven Vernunft (und sei sie auch noch so »hochgestochen«) Aufschluß über unsere gegenwärtigen Formen der Entfremdung geben, für die sie selbst ein Beispiel ist. Die analytisch-positive Vernunft hat keine Möglichkeit, sich die gesellschaftliche Bedeutung von »nichts« und »Negation« vorzustellen, und keine Mittel, die sich verändernde Bewegung der Geschichte zu begreifen. Sie macht dann vielleicht aus der eigenen Unfähigkeit eine Tugend oder verfällt in einen totalistischen, deterministischen Historizismus bzw. in das Gegenteil, einen Hyperempirizismus.

Ein Schlüsselbegriff ist Hegels Begriff »aufheben«. Sartres Wort dafür lautet *dépasser* (überschreiten). Eine Totalisierung behauptet das Feld. Sie wird von einer anderen Totalisierung in Frage gestellt. Die erste Totalisierung verliert dadurch ihre absolute Gültigkeit, behält eine relative Gültigkeit und wird, falls die zweite genügend umfassend ist, von dieser aufgesogen. Die erste Totalisierung wird als Absolutes negiert, als Relatives bewahrt und der späteren Synthese subsumiert. Diese Synthese wird ihrerseits einer anderen subsumiert und diese wiederum einer anderen usf. Standpunkt, Synthese, Totalisierung, in dieser dreifachen Weise *überschritten,* werden zum historischen Moment.

Sartre fragt nach den verschiedenen Möglichkeiten der Bildung von Totalisierungen – den verschiedenen Möglichkeiten z. B., wie sich ich oder du oder er oder wir, ihr oder sie sich gemeinsam oder gegeneinander zu Gruppen zusammenschließen. Die Totalisierung wird sich danach unterscheiden, ob ich und du uns als *wir* konstituieren oder ob ich dich und ihn als *sie* konstituiere oder er mich und dich, wenn du und ich uns nicht als *wir* konstituieren möchten, als »sie-für-ihn« konstituiert. Was gehört nun zu bestimmten Schlüssel-Totalisierungen?

Wir kennen Totalisierungen mit variierender Vergänglichkeit und Beständigkeit und veränderlichem Ausmaß und veränderlicher Art von Struktur und Prozeß, Organisierung und Institutionalisierung. Alle Totalisierungen sind gesellschaftliche Realitäten der einen oder der anderen Art und haben viele Unterteilungen. Welcher Art sind sie? Wie lautet ihr ontologischer Status? Sind sie objektive Realitäten? Sind sie subjektive Realitäten? Sind sie Tatsachen oder Erfindungen – und in welchem Sinne sind sie es? Was bedeutet beispielsweise das Sein der »Juden« für einen Nazi oder eines Arabers für einen Juden, eines »Niggers« für einen weißen Lyncher, eines »Roten« für einen fanatischen Anti-Kommunisten oder eines »Faschisten« für einen Anhänger Wilhelm Reichs?

Wir konstituieren uns selbst und andere zu sozialen Kollektiven mittels Totalisierungshandlungen, und es ist Sartres Meinung, daß solche Kollektive real und faktisch sind. Sie existieren insofern, als wir (wer immer wir sind) sie (aus wem immer sie bestehen, sie können aus uns bestehen) konstituiert haben, und sie existieren insofern (und nur insofern), als wir sie weiterhin konstituieren oder – wie Sartre manchmal sagt – insofern, als wir sie *erfinden*.

In letzter und entscheidender Instanz wird selbst die dem stärksten Anschein nach beständige, institutionell aufrechterhaltene Gruppe von Menschen durch die gemeinschaftliche Erfindung ihrer Existenz aufrechterhalten. Welcher Techniken bedarf es, daß Gruppen Gruppen bleiben? Anscheinend besteht das konstante Bestreben, diese merkwürdigen konstituierten Hervorbringungen, wenn nicht gar die Individuen, aus denen sie sich zusammensetzen, anzugreifen und zu zerstören. Vielleicht ist es schwierig, eine Gruppe zu zerstören, ohne die Individuen zu vernichten, aus denen sie besteht. Aber es gibt noch eine andere wichtige Frage: Welches ist die Beziehung oder sind die Beziehungen der Gruppe zu den einzelnen Menschen, aus denen sie sich zusammensetzt?

Bei den Versuchen, dies zum Ausdruck zu bringen, wird das Problem oft durch analoges Denken kurzgeschlossen: Die Gruppe als Leviathan, als Super-Individuum, als Ganzes gegenüber Teilen, als Organismus, als Mechanismus. Eine positive generalisierende Antwort kann nicht gegeben werden, aber Sartre unternimmt für jeden Totalisierungstyp eine detaillierte Analyse. Da er sich bemüht, perzeptuell und konzeptuell das Konkrete dadurch zu erreichen, daß er seiner spiralförmigen dialektischen Bewegung von Synthese auf Synthese folgt, lassen wir viele Gesellschaftstheoretiker hinter uns, indem wir uns klar in entgegengesetzter Richtung bewegen.

Wenn man sich indessen Sartres eigene Totalisierung der Wahrnehmungen und Vorstellungen von Kollektiven anschaut, so kann man den Typ und den Grad der in den unterschiedlichen Theorien wissentlich oder unwissentlich angewandten Abstraktion und Konkretisierung und folglich die Gewalt feststellen, die der menschlichen Realität perzeptuell und konzeptuell angetan wird.

Es lassen sich Theorien entwickeln, die Resultate der unterschiedlichen Ebenen von Abstraktion und Extrapolation der vollen Konkretheit des Menschlichen sind. So kann man eine Theorie des Geistes ohne Bezug auf den Körper aufstellen, eine Theorie des Verhaltens ohne Bezug auf die Erfahrung, eine Theorie des Individuums ohne Bezug auf die Gesellschaft, eine Theorie der Gesellschaft ohne Bezug auf das Individuum, eine Theorie der Personen oder der Gesellschaft ohne Bezug auf die materielle Welt.

Sartre sieht die verschiedenen soziologischen, anthropologischen und psychoanalytischen Theorien mehr oder weniger als Teilrealisierungen irgendeines Moments oder irgend welcher Momente in der Dialektik. Da sie durch die dialektische Vernunft nicht begreifbar sind, werden sie zu umfassender Theorie aufgebläht und lassen unweigerlich Widersprüche erkennen, denen ihre Urheber entweder mit ad-hoc-Hypothesen beizukommen versuchen oder die sie einfach ignorieren. Auf diese Weise entsteht, beginnend beim Klassenkonflikt, eine ganze Theorie von der Gesellschaft, ohne die Klassen, die ja durch eine vorhergehende, mit Praxis beginnende Dialektik konstituiert worden sind, richtig zu verstehen. Noch einmal: es wird ein totaler Pluralismus von einzeln Handelnden postuliert, ohne zu realisieren, daß das konkrete Individuum stets durch die besonderen Metamorphosen enträtselt wird, deren es sich als Mitglied bestimmter Gruppen unterzieht. Das nicht in einer Gruppe organisierte menschliche Individuum gibt es nicht. Die Handlungen des Einzelnen zeigen sich stets und überall im Kontext der gemeinschaftlichen Gruppenerfahrungen, innerhalb der Strukturen von Rechte-Pflichten, Befehl-Gehorsam usw., so daß das Intelligibilitätsschema seiner Handlungen viel mehr dialektischer Spiralen bedarf als der für die Vorstellung eines imaginären Einzelindividuums in einem unvermittelten Verhältnis Person-Person oder Person-Welt.

Vielleicht wird der sich mit der *Kritik der dialektischen Vernunft* beschäftigende Leser dadurch, daß er durch dieses Epos philosophischer, soziologischer und psychologischer Entmystifizierung mystifiziert wird, Gefühle des Unbehagens oder sogar der Entrüstung verspüren. Wie sehr er sich auch nach Wegweisern oder Marksteinen umsieht – er findet keine oder nur solche, die ihn hinters Licht oder in Sackgassen der Spekulation führen, in denen er schnell die Sichtverbindung zur belebten Hauptstraße des Diskurses verliert. Es wird auf einige wenige Autoren Bezug genommen, besonders auf Hegel und Marx, aber der Leser merkt bald, daß selbst diese keine direkten Anzeichen für Kontinuität oder Diskontinuität innerhalb tradierter Grundsätze sind. Der Leser bemüht sich verbissen, kritische Distanz zu gewinnen, sich mit diesem Denken zu identifizieren; aber dieses Denken verändert ständig die Perspektive: Gerade untersucht es seinen Gegenstand, im nächsten Moment denkt es reflektierend über sich selbst nach, indem es sich, während es sich der Untersuchung unterwirft, selbst erfindet. Wenn der Leser nicht beginnt, sich selbst diesem totalisierenden Verfahren zu unterziehen, wird er vielleicht verzweifeln. In jedem Fall wird er wahrscheinlich eine Art Schwindel fühlen.

Falls der Leser, trotz der in *Questions de méthode* gegebenen Führungs- und Orientierungshilfen, diese Schwierigkeiten der Orientierung seiner selbst und des Gelesenen in bezug auf die Lehrsätze anderer Philosophen hat, wird es genausowenig leicht sein, sich zu seiner Orientierung an Sartres frühere Schriften zu halten; denn diese sind, um einen der Lieblingsausdrücke Sartres zu benutzen, *dépassé*. »Sein für sich« und »Sein an sich«, die grundlegenden Kategorien aus *Das Sein und das Nichts*, sind in Praxis und Prozeß aufgegangen. Tatsächlich wird das *pour-soi* in der *Kritik* nur ein einziges Mal, fast am Rande, in einer Fußnote erwähnt. Das mag verwirrend sein, doch bedeutet es nicht, daß Sartre seine philosophische Vergangenheit verleugnet. Die Schlüsselpositionen des frühen Werkes finden wir im späteren Werk erhalten – freilich durch eine dialektische Transformation als *ein* Moment in der späteren Synthese.

Glücklicherweise kann man *Saint Genet,* insofern dieses Buch philosophisch Stellung bezieht, als einen Übergang von der früheren zur späteren Philosophie ansehen. In *Saint Genet* finden wir noch die Kategorien aus *Das Sein und das Nichts*: guten und schlechten Glauben, die Dialektik der Freiheit, die drei ontologischen Dimensionen des Körpers (in der *Kritik* erscheinen sie nicht mehr). Doch neben biographischer Analyse vom Standpunkt dieser Kategorien stellen wir eine zunehmend explizite und systematische Beschäftigung mit dem Verhältnis zwischen Einzelnen und Gruppen, Institutionen und der Klasse fest, zu denen sie gehören. Wir begreifen Genets Aussetzung durch seine Mutter und durch die bäuerliche Adoptivfamilie in der Morvan als einen Modus seiner Eingliederung in die gesellschaftliche und geschichtliche Realität. Im Detail wird die Phänomenologie der institutionellen Serialisierung dargestellt (z. B. wie Genet sich als Nummer im Personenregister der *Assistance publique* erfährt). Die Beziehungen zwischen »Gesellschaften« von Produzenten und Konsumenten, die Fusion und Entwicklung einer auf gegenseitiger Loyalität beruhenden Gruppe und ihre fortschreitende Institutionalisierung durch die »weiblichen« Kriminellen, im Gegensatz zur harten »Männlichkeit«, werden von Sartre als Möglichkeiten herausgearbeitet, wie eine Person sich durch ihre Teilnahme an unterschiedlichen Formen der Sozialität verwandelt. Alle Beziehungen Genets zum anderen sind, wie Sartre sie beschreibt, Gruppen-Beziehungen. Genet ist ein anderer für den anderen und auch ein »Dritter« für sich selbst und den anderen. Das negative Verhältnis der Existenzanalyse sowohl zur Psychoanalyse als auch zu marxistischen Erklärungen wird konkret anhand von Beispielen erläutert, wenn auch nicht mit ganzer Deutlichkeit und Strenge, doch hätte dies ohne Zweifel eine Spezialarbeit erfordert.

Solch weitreichende Aktivität eines Philosophen muß den Anschein erwecken, als fehlte ihr jeder nur mögliche Kontakt mit der philosophischen Tradition Großbritanniens, besonders der, die von Russell und G. E. Moore über den frühen und späten Wittgenstein zu den mit der Sprachanalyse befaßten organisierten Berufsphilosophen führt. Dies ist nicht der Ort, die fehlende Übereinstimmung zwischen den mehr oder weniger gleichbleibenden Behauptungen der Sprachanalyse und den Ansichten von Sartre zu skizzieren, doch sei es uns hier wenigstens erlaubt, einige Gedanken über die gegensätzlichen Anschauungen von Sprache wiederzugeben.

Auf die Mehrdeutigkeit von Sprache hinzuweisen, ist eine Sache – der Wunsch, diese Mehrdeutigkeit zu beseitigen, eine andere. Es mag gute Gründe geben, warum ein Stück Umgangssprache oder ein philosophischer Lehrsatz mehrere Deutungen zuläßt. Vielleicht ist die Mehrdeutigkeit das Ergebnis einer mystifizierten oder mystifizierenden Einstellung, doch kann sie andererseits zutreffend eine mehrdeutige Tatsache widerspiegeln. Es könnte sogar sein, daß die menschliche Realität, in der wir leben, ihrem Charakter nach mehrdeutig ist und daß dies auch für einen Philosophen Realität ist. Sartre versucht das nicht nur in den hier behandelten Werken, sondern in allen seinen philosophischen Schriften, seinen Romanen und seinen Theaterstücken zu zeigen.

Mehrere Deutungen zulassende Tatsachen treten hervor, wenn wir eine Person aus verschiedenen Perspektiven mit verschiedenartigen Vorstellungsrahmen betrachten. Psychologisch kann die Feststellung »Ich hasse dich!« bedeuten, was sie zu artikulieren scheint; aber sie kann, im Gesamtkontext einer menschlichen Beziehung, gleichzeitig genauso »Ich liebe dich!« bedeuten. Hier hilft auch die Aussage nichts, daß die Bedeutung der Zeichen »Ich hasse dich!« auf dieser Buchseite in Wirklichkeit »Ich liebe dich!« ist. Außerdem können diese gestammelten Worte auch simultane Gefühle der Liebe und des Hasses zum Ausdruck bringen. Gesellschaftlich und politisch kann die Bewußtwerdung, die mich zu dem Ausruf »Ich bin ein Bourgeois!« veranlaßt, meine Gefangenschaft in einer Klassenrolle bedeuten, die als Teil meines Wesens oder meiner Natur erlebt wird, aber gleichzeitig eine Befreiung durch die Entdeckung neuer Möglichkeiten, wie dieser Aspekt meiner Existenz mittels politischer Handlungen, die die Klassenstruktur der Gesellschaft korrigieren helfen, zu verändern sei. In einer Hinsicht muß meine Identität anerkannt werden, in einer anderen bin ich jedoch nicht, was ich bin. Oder wie Sartre, Heidegger folgend, es ausdrückt: Ich bin ein Seiender derart, daß mein Sein sich selbst gegenüber in Frage steht. Diese ontologische Mehrdeutigkeit der menschlichen Realität ist der Dreh- und Angelpunkt in *Das Sein und das Nichts* und beherrscht, wenngleich von den genannten Begriffen kein Gebrauch mehr gemacht wird, auch die spätere Synthese in der *Kritik*.

Die Sprache hat sich innerhalb von Grenzen entwickelt, die vom Stand des vom Menschen erreichten Selbstbewußtseins gesteckt worden sind. Der analytisch-instrumentelle Zugang zur Welt und zu einem selbst hat eine Sprache zur Folge, die die Resultate des analytischen Prozesses ausdrückt; freilich bringt die Sprache dann eine analytisch *reduzierte* Realität zum Ausdruck. Existierende Sprachen sind zur Formulierung bestimmter Realitätsaspekte allesamt ungenügend geeignet. Aber nach welchem Gesetz unterwerfen wir uns und unsere philosophischen Vorstellungen solchen Sprachen oder logisch perfekten Versionen davon, in denen jeder »atomische Lehrsatz« jedes »atomische Faktum« »widerspiegelt«. Eine solche Atomisierung der Welt und der Sprache ist das Produkt einer menschlichen Praxis, ein Plan der Atomisierung; aber wie wir sehen werden, führt der Begriff des Plans zum Begriff der Person als synthetischer Einheit. Man wird durch die Realität, die man ist, in bezug auf solche Anschauungen in eine reflektive Metaposition gezwungen.

Wenn wir uns mit mehrdeutigen Fakten in der Sprache zu beschäftigen haben, die nicht mehrdeutig zu sein versucht, so gelangen wir unweigerlich zu einer neuen Stufe der Mehrdeutigkeit. Sartres Schriften sind voll von Mehrdeutigkeiten, aber es handelt sich um solche, die er im Dienste der Kommunikation benutzt. Kommunikation ist hier ein präziser Begriff, da Sartre sich nicht zentral mit *communion* beschäftigt. Sartre erkennt an, daß ein Prosaautor im Augenblick seines Erfolges, wenn er bei Bedeutungen angelangt ist, die die Sprache übertreffen, bei Bedeutungen, die in gewisser Weise zwischen den Zeilen

seiner Buchseiten versteckt liegen, nicht mehr tun kann als aufzudecken, was er nicht zu sagen vermag. Alle große Prosa ist
eine spezielle Gestalt von Versagen. Doch der Schreibende muß
dieses Spiel mit Verzweiflung spielen, wenn er seine Verpflichtung, Philosophie zu schreiben, die nicht trivial sein soll, ein-
lösen will.

Die Disjunktion zwischen Alltagssprache und metaphysischer
Sprache ist mehr Schein als Wirklichkeit. Ein Kind erlebt sich
zuweilen, in einem verwirrenden Moment der Offenbarung,
als eine bestimmte Identität existierend[5]: Es ist es selbst und
kein anderer. Es ist ein ganz und gar separates, ganz und gar
kontingentes Faktum in der Welt – aber sein Schicksal liegt in
seinen Händen und nirgendwo sonst. Es vereinigt sich dann
wieder mit der Welt. Es kehrt zu seiner Familie zurück und
verliert in dem verschlingenden Morast der entfremdenden,
serialisierenden Kräfte sehr bald sein Selbst. Aller Wahrscheinlichkeit nach wird es niemals den Versuch machen, seine Erfahrung in »philosophischer Sprache« zu rekapitulieren, zu definieren und zu artikulieren; doch falls es sich zum Schreiben
entscheidet, welche Sprache soll es dann benutzen? Seine Erfahrung war keine alltägliche Erfahrung, aber es wählt All-
tagsworte und entwickelt spezielle Bedeutungen, indem es diese
Worte in bestimmter Weise in bestimmte Zusammenhänge
fügt. Vielleicht, vielleicht auch nicht, bildet es außerdem aus
überlieferten Wortwurzeln Neologismen. Es wird sich der dialektischen Interaktion zwischen Begriffen bzw. Aussagen und
ihrem sprachlichen Kontext (ihrer Beziehung zu anderen Begriffen und anderen Aussagen) bewußt, kontrolliert sie und
macht von ihr Gebrauch. Die Alltagssprache wird sich nicht
eignen, die Bedeutung der Kindheitserfahrung und auch nicht
der anderen aufkeimenden Bewußtwerdungen, aus denen sich
die philosophischen Totalisierungen entwickeln, auszudrücken.
Dennoch muß die Sprache zu Diensten gezwungen werden,
selbst wenn dazu gehört, die Sprache gegen sie selbst zu wenden, ihre Unzulänglichkeiten, ihre Unklarheiten und ihre Widersprüche auszunutzen.

Man muß in Anbetracht der »Natürlichkeit« des Philosophie-
rens tatsächlich mehr grundsätzlich die Auffassung in Frage

5 »Existieren« hier, wie bei Sartre, transitiv verwendet.

stellen, daß sich metaphysische Sprache von Alltagssprache unterscheidet und empfänglicher für Unsinn ist. Dieser Unsinn, soweit er existiert, ist ein Maß für die Diskrepanz zwischen Sprache und Erfahrung, insofern die Erfahrung die sprachlichen Ausdrucksmöglichkeiten ständig überrundet. Wir müssen die sprachlichen Äußerungen einer Person zur konkreten Totalität ihres Lebens, falls die Person es bereits gelebt hat, oder zu unserer Totalisierung ihrer stattfindenden Totalisierung, falls die Person noch lebt, in Beziehung setzen.

Im ersten Lebensjahr wird der Erfahrung (bzw. unseren sehr beschränkten Schlüssen aus der Erfahrung) aus der objektivierenden Perspektive des Erwachsenen kein verbaler Ausdruck verliehen. Phantasiewelten von primitiver Habsucht, von Neid, von kannibalischer Zerstörung von Körperteilen eines anderen und ganzer anderer Personen gehen den ersten erkennbaren Wörtern voraus. Diese Phantasien bleiben, bei voller Erhaltung ihres primitiven Ungestüms, in allen Stadien der Selbstüberwindung des Selbst, durch alle folgenden Erfahrungstotalisierungen hindurch bestehen. Die präverbale Erfahrung des ersten Lebensjahres bildet ein präreflektives Kontinuum mit der paralinguistischen Erfahrung des älteren Kindes und des Erwachsenen.[6] Hier müssen wir uns einfach darauf beschränken, das Problem der Transformation von Erfahrungen, die außerhalb davon vorkommen, in Sprache aufzuzeigen.

Meine Erfahrung sucht ebenso nach verbalem Ausdruck wie sie ihn meidet. Meine Worte werden »andere für den anderen«. Sprache ist Objektivierung, sie ist der Hebel für den anderen, von meiner subjektiven Realität Besitz zu ergreifen. Sartre nimmt mehr als einmal in seinen früheren Werken Bezug auf die paranoide Wahnvorstellung, ein anderer habe einem die Gedanken »gestohlen«. Diese Geistesstörung ist indessen nichts anderes als verwirrter Ausdruck der Wahrheit von Sprache, die darin besteht, daß ihre Struktur stets die eines Seins-für-die-anderen ist. Es gibt keine private innere Sprache, die nicht diese Struktur hat. Das Unhörbare meines Sprechens mit mir selbst spiegelt die Art und Weise, in der ich ein quasi-anderer für mich selbst bin.

6 R. D. Laing, *Self and Others*, London 1969.

Es gibt keine Sprache an sich, anders als die Objektivierung des Philosophen von sich selbst für den anderen, gegenüber der man die kritische Einstellung von Sprachanalyse annehmen kann. Man darf sicher sein, daß die *Kritik der dialektischen Vernunft* einer Kritik in ähnlichem Ton unterzogen werden wird, doch werden jene, die die Mühe auf sich nehmen und die Fähigkeit haben, ihre Vorstellungen von Rationalität grundlegend zu überprüfen, in diesem Buch eine Beschreibung der Typen von Rationalität und ihrer Grenzen und ihres Verhältnisses finden, die einen neuen Ausgangspunkt für die Philosophie markiert sowie die Basis einer strukturellen und historischen Anthropologie, die zu entwickeln ihr ausdrückliches Ziel ist.[7]

Sartre bezieht sich explizit nur auf einen schmalen Bereich der amerikanischen Sozialwissenschaften, und dies auch nur verallgemeinernd als »amerikanische Soziologie«. Kritisch steht er Kurt Lewins Methode gegenüber, eine Gruppe von außen zu betrachten; er nennt das einen »Totalitäten-Fetischismus«. Auch greift er Kardiners »basic personality structures« an, die in jeder Gesellschaft durch die »Primärinstitution« des »child rearing«, der Aufzucht der Kinder, die für die betreffende Kultur spezifisch ist, hervorgerufen werden. Kardiners Denken ist essentialistisch und mechanistisch. Essentialistisch ist es insofern, als jeder Gesellschaft eine bestimmte »menschliche Natur« zugeordnet ist; diese selbstverständliche Natur ist unüberwindbar, obgleich sie sich durch einen von außen aufgezwungenen Akkulturationsprozeß verändern kann. Kardiners Denken ist mechanistisch insofern, als bestimmte Qualitäten reifiziert und ihnen eine Art Intentionalität zugeschrieben wird: »Primärinstitutionen waren für die grundlegende Persönlichkeitsstruktur verantwortlich, die wiederum für die Sekundärinstitutionen verantwortlich war.«[8] Solche Kritik, obgleich sie notwendig ist, wird Kardiners Werk weniger als gerecht, das, so tendenziös seine Lösungen auch sind, zumindest die Probleme skizziert, die durch Arbeiten wie die Ruth

---

7 Vgl. D. G. Cooper, *Psychiatry and Anti-Psychiatry.* London 1967 (dt. Ausgabe: *Psychiatrie und Anti-Psychiatrie*, Frankfurt am Main 1971, Einleitung, S. 13 ff.
8 A. Kardiner, *Basic Personality Structure*, in: M. H. Marx (Hg.), *Psychological Theory*, New York 1951, p. 553.

Benedicts aufgeworfen wurden, in denen die Beziehungen zwischen Institutionen in einer Gesellschaft analogisch im Sinne einer Einpersonen-Psychopathologie diskutiert werden. Sartre setzt sich nicht in gebührender Weise mit den späteren, Lewin zu Dank verpflichteten gruppendynamischen Arbeiten und auch nicht mit denen von Talcott Parsons, Bales, Shils und anderer auseinander. Nichts deutet bei Sartre darauf hin, daß er sich bewußt ist, in welchem Maße seine grundlegende Kritik von amerikanischen Soziologen vorweggenommen worden ist, z. B. von Znaniecki mit seiner Schilderung des Widerspruchs in der Soziologie zwischen »sozialer Struktur« und »sozialer Veränderung«, der zufolge die Analyse von zwei isolierten Standpunkten ausgeht und die Resultate dann einfach zusammengefaßt werden.

Sartre kritisiert aber auch die sogenannten marxistischen Kritiker der amerikanischen Soziologie, die sagen, diese Soziologie liefere der herrschenden Klasse das ideologische Rüstzeug, mit dessen Hilfe sie sich am Leben erhalten könne. Die Kritik mag in spezieller Weise in speziellen Fällen berechtigt sein; aber diese Soziologie hat auch ein großes Maß konkreter Erfolge erzielt, und ihre methodischen Fortschritte müssen für die zukünftige Sozialforschung erhalten bleiben. Indessen fehlt es dieser Soziologie an einer philosophischen Orientierung, wobei ihre innere Krise auf diesen Mangel hindeutet. In einem sehr realen Sinn befindet sich die amerikanische Soziologie an der Schwelle zu einer totalisierenden Vorstellungskraft, die der Marxismus liefern kann, wenn er seine Neigung, sich zu mechanistischem, antidialektischem Idealismus verleiten zu lassen, überwindet.

Die Psychoanalyse ist wie die Soziologie eine »Hilfsdisziplin«, die ihren Platz im Totalisierungsschema finden muß. Wie die Soziologie liefert sie unbedingt notwendige Mediationen, die in der konventionellen und konventionalisierten marxistischen Analyse fehlten. Wir wollen hier nicht Sartres Argument vorwegnehmen, die Psychoanalyse (abgesehen von den wackeligen spekulativen Systematisierungsversuchen einiger indifferenter Denker unter den Psychoanalytikern) könne gar nicht mit marxistischer Theorie in Konflikt geraten, weil sie keine theoretische Basis besitze, sondern einfach eine sehr wirksame Methode zur Untersuchung eines lebenswichtigen Sektors der menschlichen Realität sei. Wir wollen aber versuchen, zu begreifen, was Sartre unter Psychoanalyse versteht.

Psychoanalyse ist für Sartre vor allem Aufklärung der gegenwärtigen Handlungen und Erfahrungen einer Person hinsichtlich dessen, wie sie ihre familialen Beziehungen erlebt hat. Falls ein bestimmtes psychoanalytisches Konzept die komplexen Realitäten von Verhalten und Erfahrung auf solche konstitutionellen Daten, als Teil – sagen wir – des Lebens- und Todestriebs, reduziert, muß existentielle Kritik sie auf den richtigen Kurs setzen und ihr helfen, die intelligible Entscheidung des Selbst zu entdecken: den fundamentalen Plan, eine bestimmte Art von menschlichem Wesen zu werden. Wenn wir das Leben einer Person mit Sartres Begriffen als »konstituiert-konstituierend« sehen, als *eine synthetische Einheit dessen, was wir aus dem machen, woraus wir gemacht sind*, als synthetische Einheit des Formens unserer selbst aus dem, wie wir geformt sind, dann müssen wir den Schluß ziehen, daß die psychoanalytische Theorie in ihrer nicht sehr überzeugenden Betrachtungsweise das aktive konstituierende, formende Moment der Einheit der Person ignoriert. Eine solche Kritik bedarf der kompetenten und detaillierten Stellungnahme; Sartre beschränkt seine Diskussion der Psychoanalyse jedoch sowohl in gegenwärtigen Schriften wie in dem mit »Existentielle Psychoanalyse« überschriebenen Abschnitt in *Das Sein und das Nichts* auf eine Reihe von Freuds ursprünglichen metapsychologischen Positionen. Den gesamten Bereich der psychoanalytischen Arbeiten untersucht er in bezug auf seine Thesen explizit nirgendwo. Diese selbstauferlegte Beschränkung tritt besonders deutlich in *Saint Genet* zutage. Die Einbeziehung der unbewußten Phantasie als Erfahrungsmodus würde der Analyse der Entstehung von Genets Plan – nämlich durch die Wahl, zu werden, wie die anderen ihn haben wollen, persönliche Identität und Autonomie zu gewinnen – eine weitere Dimension konkreter Bereicherung hinzugefügt haben. In *Notre Dame des Fleurs* z. B. führt Divine, eine der Figuren dort, ein »Verzeichnis« von Gegenständen auf, die für ihn von persönlicher Bedeutung sind. Sein »Phantasieren« hier besteht darin, Bruchstücke seiner selbst, »gute« und »schlechte« (lächerliche) Seiten seiner Persönlichkeit, in unbelebte Gegenstände hineinzuprojizieren (projektive Identifikation), um sie zu einer mehr oder weniger vereinigten Serie, dem »Verzeichnis«, zusammenzufassen und dann das integrierte Ergebnis als Spielart seiner Selbstintegration wieder zu verinnerlichen. Dieser Vorgang tritt auch in Divines Erfahrung auf, wobei Genets Divine sehr stark autobiographisch ist. Indem er von Divine schreibt, »entäußert« und »internalisiert« Genet wichtige Aspekte seiner selbst in einem ähnlichen selbstintegrativen Plan auf einer anderen Stufe. Es ist dies eine konkrete Erweiterung dessen, worauf sich Sartre auf ontologischer Stufe als Plan der *récupération* bezieht.

Der Unterschied zwischen Sartres Position und derjenigen vieler Psychoanalytiker wird deutlich sichtbar an der Frage nach den Grenzen der Psychoanalyse. An einer bestimmten Stelle des Erklärungsprozesses halten es viele Psychoanalytiker für notwendig, aus einer Perspektive, bei der der Beobachter seine Beobachtungen von innerhalb einer Beziehung, einer interaktionalen Situation gegenseitiger Beeinflussung und gegenseitiger Veränderung, her macht, zu jener Perspektive umzuschalten, bei der der Analytiker versucht, über den Analysanden (eine Person) aus einer Position vollständiger Exteriorität Urteile abzugeben. Die Person verschwindet. Sartre hingegen spürt dem Leben einer Person bis in seine Konsequenzen nach. Dieser entscheidende »ursprüngliche Plan« – oder diese ursprüngliche Entscheidung des Selbst – liefert die intelligible Basis für sämtliche Handlungen und Erfahrungen einer Person. Der im psychoanalytischen Denken herrschende reduzierende Biologismus erklärt alles und erklärt nichts. Er erklärt alles in dem Sinne, daß innerhalb des begrenzten Vorstellungshorizonts eines Dualismus (wie »holistisch« hochgestochen er sich auch ausdrücken mag) schließlich vollendete biochemische und neurophysiologische Methoden und sorgfältig beschriebene instinktive Verhaltenseinheiten »korrelativ« für jeden auch nur denkbaren »psychischen Trieb« eine Erklärung geben werden. Er erklärt nichts, insofern die Person, von der der Psychoanalytiker annimmt, daß er sich mit ihr beschäftigt, aus dem Feld der Überlegungen verschwunden ist und wir uns über jemand anderen, ja, über niemanden sprechend wiederfinden. Allein durch die Entdeckung einer Freiheit können wir eine Person in ihrer ganzen Realität erfassen.

Der ursprüngliche Plan, der stets eine Beziehung des Selbst

zum Sein ist, läßt sich allerdings nicht in physikalistischen Metaphern und biologischen Analogien ausdrücken, ohne verhängnisvolle Verwirrung und Mehrdeutigkeit nach sich zu ziehen. Leider sind selbst die besten psychoanalytischen Aufsätze in dieser Weise geschrieben oder sie ziehen sich auf derartige Begriffe zurück. Tatsächlich ist oft nicht erkenntlich, wann ein Autor eines psychoanalytischen Beitrags glaubt, metaphorisch zu sein oder zu analogisieren oder eine Erklärung zu versuchen.

Es ist genügend Raum für eine phänomenologische Untersuchung der »Phantasie des Unbewußten« vorhanden, wenn man diese in ihrer Realität als Erfahrung und nicht als eine Reihe von Mechanismen auffaßt, die einem in der psychoanalytischen Situation objektivierten Subjekt auferlegt sind. Man könnte eine Verbindung der Existenzanalyse mit dem Strukturalismus Jacques Lacans vorschlagen, der in kundiger Weise die »Sprache« des Unbewußten artikuliert. Der kleinliche Streit über die Differenz zwischen »histoire« und »Histoire« sollte diese Verbindung nicht verzögern.

Sartre behauptet – und er belegt diese Meinung mit eindrucksvollen Argumenten –, daß der Marxismus die für unsere Zeit einzig mögliche Philosophie sei, und er untersucht dann die grundlegenden erkenntnistheoretischen Positionen des Marxismus und zudem spezielle Typen konkreter »Situationsanalyse«, wie sie von Marxisten bzw. scheinbaren Marxisten vorgenommen wurde. Sartre gelangt dabei sowohl zu einer fundamentalen Kritik wie zu einer fundamentalen Bestätigung des Marxismus. Er zeigt, wie der Marxismus durch Rückfall in mechanistisches und idealistisches Denken deformiert worden ist, und daß er unter einer methodischen Sklerose gelitten hat. Von Revisionismus ist dies weit entfernt – Revisionismus ist, wie Sartre es formuliert, Rückkehr zum Prämarxismus und deshalb unhaltbar. Sartres Wunsch ist es, dem Marxismus seinen ursprünglichen lebendigen Impuls wiederzugeben. Die konservative Bürokratie der Stalin-Ära hatte diesen Impuls ruiniert und schließlich gelähmt, und selbst in den heutigen nachstalinistischen sozialistischen Gesellschaften scheint dem Marxismus nur selten erlaubt zu sein, lebendig zu werden und seine Desillusionierungs-Rolle wahrzumachen.

Daß die Marxisten Sartre vergleichsweise unbeachtet lassen, ist bemerkenswert, aber vielleicht nicht überraschend. Im Jahr der Veröffentlichung der *Kritik* erschien in Moskau ein Buch mit dem Titel *Grundlagen des Marxismus-Leninismus,* herausgegeben von dem »Altbolschewisten« O. Kuusinen. In diesem Werk trifft man in allen Abschnitten auf die alten verleumderischen stalinistischen Klischees u. a. auch über den Existentialismus, die nicht den Eindruck machen, daß die Autoren überhaupt existenzphilosophische Schriften gelesen haben oder daß sie an existenzphilosophischen Texten gearbeitet haben. Nicht viele Marxisten scheinen imstande zu sein, ein kompetentes kritisches Urteil über die *Kritik* abzugeben. Welche Hemmungen die heutigen »orthodoxen« Marxisten auch haben mögen, Sartres Werk zu lesen oder öffentlich zu diskutieren – aller Wahrscheinlichkeit nach wird das marxistische Denken sich nur weiterentwickeln können, wenn die Marxisten ihre grundlegenden philosophischen Positionen einer entschiedenen Überprüfung auf die von Sartre gezeigte Weise unterziehen. Dies ist notwendig, weil dialektisches Denken definitionsgemäß seinen Gegenstand nicht nur erfassen, sondern reflektierend erfassen muß.

Das Spektrum der in unseren Beiträgen behandelten Bücher ist immens. *Saint Genet* ist die ausgereifte Verwirklichung und Anwendung der Sartreschen Prinzipien der Existentialbiographie. Insoweit die Methode gültig ist, wird sie für einige Zeit der Prototyp für noch folgende biographische Stellungnahmen, einschließlich der »klinischen« Biographie, sein. Vielleicht ist *Saint Genet* überhaupt der gründlichste Versuch eines Menschen, das Leben eines anderen in seinem fundamentalen Ausdruck zu verstehen, der in der Literatur zu finden ist.

In der *Kritik* sucht Sartre die dialektischen Grundlagen für eine strukturale Anthropologie zu schaffen. Dieses Werk ist insofern kritisch, als es mittels eines Ansatzes, der selbst dialektisch ist, versucht, die Grenzen und die Gültigkeit der dialektischen Vernunft abzustecken, die Affinitäten und Gegensätze von dialektischer und analytischer Vernunft zu bestimmen. In Band 1 der *Kritik* wird eine Theorie von den unterschiedlichen Möglichkeiten vorgelegt, wie man zu Anfang Totalisierungen konstituiert und perpetuiert. In Band 2 verspricht Sartre, die Möglichkeit einer Totalisierung der Totalisierungen, d. h. der Geschichte, zu untersuchen. Falls dieses Projekt Erfolg hat, wird Sartre, da er auf die Rolle des Protagonisten eines philosophischen Systems explizit verzichtet hat, nicht der Philosoph des Jahrhunderts sein, sondern der bedeutendste Förderer einer der größten synkretistischen Revolutionen im menschlichen Denken.

Obwohl *Saint Genet*, wie wir gesagt haben, nur einen Übergang zu *Questions de méthode* und *Critique de la raison dialectique* darstellt und obwohl Sartre geäußert hat, daß die *Questions* logischerweise der *Critique* folgen sollten, haben wir uns dazu entschieden, den Leser in die Lektüre der zwei großen Werke mit den *Questions de méthode* einzuführen, da dieses Buch einen weniger schwierigen Übergang von den herrschenden Denkkategorien zu der kühnen und systematischen Reflexion in den folgenden Werken bildet.

R. D. Laing, D. G. Cooper

D. G. Cooper
›Questions de méthode‹

I. Marxismus und Existentialismus

Philosophie als solche existiert nicht. Sie ist nichts anderes als eine hypostasierte Abstraktion. Es gibt nur Philosophien oder, besser gesagt, eine einzige lebendige Philosophie zu einer bestimmten Zeit. Eine solche einzige Philosophie verleiht der allgemeinen Bewegung der Gesellschaft Ausdruck, und insofern sie lebt, dient sie als kulturelles Medium für die Menschen dieser Zeit. Sie stellt sich gleichzeitig durch sehr unterschiedliche Aspekte dar, die sie selbst vereinigt. Allem voran ist sie eine bestimmte Möglichkeit für die aufsteigende Klasse, sich ihrer selbst bewußt zu werden. In der frühesten Phase des Kapitalismus erkannte sich die Bourgeoisie der Kaufleute, Juristen und Bankiers flüchtig im Cartesianismus, während ein Jahrhundert später, in den primitiven Anfängen der Industrialisierung, sich die Bourgeoisie der Fabrikbesitzer, Ingenieure und Gelehrten in der Kantischen Vorstellung vom universalen Menschen entdeckte.

Doch um wirklich philosophisch zu sein, muß dieser Spiegel die Totalisierung aller zeitgenössischen Erkenntnis bilden. Sind die Details auch in Frage gestellt und zerstört worden, so bleiben doch die Leitbilder zurück; diese freilich bedürfen der Fakten, um sie zusammenzuhalten, so wie Fakten ihrer bedürfen. Das philosophische Objekt verbleibt im »objektiven Geist« als regulative Idee, die eine unendliche Aufgabe markiert. Während sie weiterhin lebendig ist, ist sie jedoch niemals diese passiv determinierte Einheit. Aus der gesellschaftlichen Bewegung geboren, ist sie selbst Bewegung und arbeitet sich in die Zukunft voran. Diese konkrete Totalisierung ist zur gleichen Zeit der abstrakte Plan, die Vereinigung bis zu ihrem Vollzug voranzutreiben. Alle Philosophie, selbst die mit dem Anschein reinster Kontemplation, entstammt der Praxis. Eine Philosophie bleibt nur so lange wirksam, wie die Praxis, aus der sie entstanden ist, lebendig bleibt – die Praxis, die sie aufrechterhält und die wiederum von ihr durchsichtig, verständlich gemacht wird.

Philosophisch schöpferische Epochen in diesem Sinn sind selten. Sartre sieht zwischen dem 17. und dem 20. Jahrhundert nur drei solche philosophischen Augenblicke: 1. die Philosophien von Descartes und Locke, 2. die von Kant und Hegel und 3. die von Marx. Diese drei Philosophien bildeten der Reihe nach das Substrat aller Einzelüberlegungen und den Horizont der gesamten Kultur. Da der historische Augenblick, dessen Ausdruck sie waren, noch nicht vorüber war, blieben sie unüberwindlich.

In unserer gegenwärtigen historischen Lage ist ein »antimarxistisches« Argument nichts als eine vormarxistische Idee, ist die vorgebliche Überwindung des Marxismus schlimmstenfalls eine Rückkehr zum Prämarxismus und bestenfalls die Wiederentdeckung einer Idee, die in der vermeintlich überwundenen Philosophie enthalten ist. Was den »Revisionismus« betrifft, so ist er entweder eine Binsenwahrheit oder eine Absurdität. Eine lebendige Philosophie kann man, weil sie aufgrund ihrer Einheit mit der gesellschaftlichen Bewegung sich selbst in unzähligen Einzelvorgängen immer wieder anpaßt, nicht ein zweites Mal dem Geschehen anpassen. Falls nun eine philosophische Bewegung aufhört, so muß eines von zwei Dingen geschehen sein: Entweder die Philosophie ist tot – in diesem Fall muß das morsche Gebäude abgebrochen statt renoviert werden –, oder sie befindet sich im Zustand der Krise. Trifft das Letztere zu, so ist die Krise der Philosophie der besondere Ausdruck einer Krise der Gesellschaft, und ihre Starrheit wird durch die Gegensätzlichkeiten bedingt, die die Gesellschaft auseinanderzerren. Revision kann hier nur idealistische Mystifikation ohne die Möglichkeit irgendeines tatsächlichen Effektes sein. Die Bewegung der Geschichte allein, der Kampf von Menschen auf allen Ebenen menschlichen Handelns, wird das gefesselte Denken befreien und es zur wirklichen Entfaltung gelangen lassen. In eben diesem Sinne befindet sich die marxistische Philosophie in der Krise.

Jene, die nach den großen Augenblicken philosophischer Kreativität kommen und die den Theorien eine praktische Funktion geben, indem sie sie als Werkzeuge von Destruktion und Konstruktion benutzen, betrachtet man am besten nicht als Philosophen. Sie nähren sich vom lebendigen Denken der großen Philosophen und werden von der Masse gestützt. Sie nennt Sartre *Ideologen*. Wenn er dann vom Existentialismus spricht, so versteht er ihn als Ideologie, als parasitäres System, das am Rande des Wissens existiert, des Wissens, dem er sich anfangs entgegenstemmte, in dem er aber nun einen Platz zu finden sucht.

Die umfassendste philosophische Totalisierung fand durch Hegel statt, und deshalb vergleicht Sartre Kierkegaard mit ihm – Kierkegaard, der sicherlich kein Philosoph war und sich selbst diesen Titel auch verweigerte. »[...] für Hegel ist das Bedeutende (in irgendeinem historischen Moment) die Bewegung des Geistes (die sich als bedeutetes Bedeutendes und bedeutendes Bedeutetes, d. h. als absolutes Subjekt konstituiert); das Bedeutete ist der lebende Mensch und seine Objektivationen; für Kierkegaard ist der Mensch das Bedeutende, denn er schafft selbst die Bedeutungen, und keine Bedeutung bezieht sich von außen auf ihn.«[1] Der Mensch ist niemals das Bedeutete, nicht einmal das von Gott Bedeutete. Bei dem Versuch, Kierkegaard in dessen Epoche einzuordnen, bemerkt Sartre, daß Kierkegaard gegenüber Hegel ebenso im Recht ist wie Hegel gegenüber Kierkegaard. Hegel ist insofern im Recht, als er, im Gegensatz zu Kierkegaard, sich nicht mit starren und fatalen Paradoxien abgibt, die sich am Ende auf eine leere Subjektivität beziehen. Er verankert in seinen Vorstellungen das wirklich Konkrete; überall präsent ist die bereichernde Vermittlung zwischen Erkenntnis und Sein. Andererseits ist Kierkegaard insofern im Recht, als Schmerz, Bedürfnisse und Leiden menschliche Realitäten sind, die durch Erkenntnis allein nicht überwunden oder verwandelt werden können. Zwar kann sein religiöser Subjektivismus als ein extremer Idealismus angesehen werden, doch im Vergleich zu Hegel läßt er den Realismus insofern Fortschritte machen, als dieser auf dem Primat einer bestimmten Realität und ihrer Unzurückführbarkeit auf das Denken besteht.

Manche Psychologen und Psychiater betrachten die Evolution unseres psychischen Lebens als Ergebnis der *Arbeit* an uns. In diesem Sinne ist Kierkegaards »Existenz« die Arbeit an überwundenen und unaufhörlich neu hinzukommenden Widerstände, vorübergehendem Versagen, fragwürdigen Siegen, und diese Arbeit steht in direktem Gegensatz zu begrifflicher Erkenntnis. Im Gegensatz zu Hegel, doch dank ihm, stellt Kierkegaard die Inkommensurabilität von Wirklichkeit und Er-

1 Sartre, *Marxismus und Existentialismus,* Hamburg 1964, S. 12, Fußnote.

kenntnis fest. Diese Inkommensurabilität kann der Ursprung eines konservativen Irrationalismus sein, doch ist sie zwangsläufig der Tod des absoluten Idealismus. Ideen allein verändern die Menschen nicht. Doch wenn, wie gegenwärtig in unserer Gesellschaft, ein Gegensatz zwischen Produktivkräften und Produktionsverhältnissen besteht, wird der Produzent seinem Produkt entfremdet, und seine Arbeit erscheint ihm dann als feindliche Macht. Es ist notwendig, diesen Gegensatz am eigenen Leibe zu spüren, seine Konflikte in den eigenen Gefühlen zu erleben, kurz, selbst zu arbeiten oder sich durch sich selbst hindurchzuarbeiten.

Marx hat natürlich, wenn auch unter völlig anderem Gesichtspunkt, gegen Hegel den gleichen Vorwurf gerichtet. Für Marx hat Hegel die Vergegenständlichung, die einfache Entäußerung des Menschen im Universum, mit der Selbstentfremdung verwechselt, die seine Entäußerung gegen ihn selbst wendet. Die Vergegenständlichung erlaubt dem Menschen, der unablässig sein Leben hervorbringt und sich mit dem Wandel der Natur selbst verwandelt, sich selbst in einer von ihm geschaffenen Welt zu betrachten. Doch wirkliche Geschichte basiert auf wirklicher Selbstentfremdung, nicht auf einem Spiel mit Begriffen, und kein Hegelscher Zaubertrick kann dem Menschen helfen, dem aus dem Wege zu gehen.

Marx betont die Priorität des Handelns (Arbeit und gesellschaftliche Praxis) gegenüber dem Denken. Wie Kierkegaard besteht auch er darauf, daß das Faktum Mensch nicht auf Erkenntnis reduziert werden könne – es muß erfahren und produziert werden. Jedoch verwechselt er dies nicht mit der leeren Subjektivität eines puritanischen Kleinbürgers, sondern er macht es zum Thema einer philosophischen Totalisierung. Der konkrete Mensch in seinem Kampf mit den Dingen und den anderen Menschen steht im Mittelpunkt seiner Untersuchungen.

Zu ein und derselben Zeit hat Marx recht gegenüber Hegel und Kierkegaard. Wie Hegel beschäftigt er sich mit dem konkreten Menschen in seiner objektiven Realität; wie Kierkegaard erklärt er nachdrücklich die Spezifität menschlicher Existenz. Unter diesen Bedingungen sieht es so aus, als habe der Existentialismus, als idealistischer Protest gegen den Idealismus, keinen Platz mehr, und tatsächlich hat er seinen Niedergang erlebt. In seinem Kampf gegen den Marxismus stützte sich das bürgerliche Denken zunächst auf die Nachkantianer, auf Kant selbst und auf Descartes. Erst im 20. Jahrhundert, in einer Phase, in der bürgerliches Denken zum ersten Mal auf die Defensive beschränkt ist, taucht Kierkegaard wieder auf – zu einer Zeit, da man der marxistischen Dialektik mit Pluralismen, Mehrdeutigkeiten und Paradoxien zu Leibe rückt. Zwischen den zwei Weltkriegen erscheint ein deutscher Existentialismus, als verstohlener Versuch, das Transzendente zu neuem Leben zu erwecken. Sartre schreibt, daß er, hier wenigstens, von Jaspers spricht und daß der Fall Heidegger zu komplex sei, als daß er ihn in seinem Buch untersuchen könne. Jaspers hat im wesentlichen kaum mehr getan, als seinen Lehrmeister Kierkegaard zu kommentieren. Seine Originalität besteht allein darin, daß er bestimmte Themen herausgearbeitet und andere mit einem Schleier umgeben hat. Beispielsweise scheint das Transzendente in seinem Denken anfangs zu fehlen, wenngleich es in Wirklichkeit seine Gedanken verfolgt. Wir lernen das Transzendente durch unsere Rückschläge und Niederlagen wahrnehmen, als deren tiefer Sinn es gilt. Dieser Gedanke war bei dem in einer Zeit der Offenbarungsreligion lebenden Kierkegaard weniger ausgeprägt. Jaspers schweigt zu religiöser Offenbarung ganz und führt uns über Diskontinuität, Pluralismus und Ohnmacht zu einer reinen und formalen Subjektivität, die sich selbst und ihre Transzendenz in der Folge ihrer Niederlagen entdeckt. Erfolg, als Objektivierung, erlaubt der Person, sich mit Dingen zu identifizieren, und zwingt sie, sich selbst »zu überschreiten«. Die Betrachtung des Scheiterns paßt sehr gut zu dem teilweise entchristlichten Bürgertum, das den Glauben vermißt, den es verloren hat, weil es das Vertrauen in seine rationalistische und positivistische Ideologie verloren hat. Kierkegaard war schon dahin gelangt, jeden Sieg als trügerisch anzusehen, weil ein Sieg den Menschen von sich selbst abwende. Jaspers leitet aus dieser Position einen subjektivistischen Pessimismus ab, und dieser führt weiter zu einem theologischen Optimismus, der sich nicht als das, was er ist, zu erkennen zu geben wagt. Für Jaspers bleibt das Transzendente verschleiert; es bezeugt sich lediglich durch seine Abwesenheit. Der Pessimismus wird nicht überwunden; vielmehr ahnen wir die Aussöhnung, während wir auf der Stufe eines unüberwindbaren Widerspruchs verbleiben. Diese Verdammung der Dialektik ist nicht gegen Hegel, sondern gegen Marx gerichtet. Jaspers weist nicht mehr die Erkenntnis zurück, sondern die Praxis. Kierkegaard weigerte sich, Begriff im Hegelschen System zu sein; Jaspers hingegen weigerte sich, Individuum in der marxistischen Geschichte zu sein. Kierkegaard machte insofern Fortschritte gegenüber Hegel, als er die Realität des Erfahrenen bestätigte; Jaspers hingegen ist historisch regressiv, indem er vor der realen Bewegung der Praxis in abstrakte Subjektivität flieht, deren Ziel es ist, eine bestimmte innere, zugleich immanente wie transzendente Qualität zu erringen, die er Existenz nennt. Philosophisch ist dieses zaghafte und fragwürdige Denken ein Überbleibsel von geringem Interesse, doch gibt es einen weiteren Existentialismus, der sich am Rande des Marxismus und nicht gegen ihn entwickelt hat, und dieser Existentialismus ist der Sartresche, mit dem wir uns hier beschäftigen wollen.

Als Sartre während seiner Studienzeit das *Kapital* und die *Deutsche Ideologie* las, verstand er, wie er schreibt, alles und zugleich nichts. Verstehen heißt: sich ändern, hinter den Prozeß des Verstehens dringen; doch auf der Universität änderte ihn die Lektüre von Marx nicht; im Gegenteil – was ihn später änderte, war die *Realität* des Marxismus, die ihm sichtbare, massive Präsenz der arbeitenden Klasse, die den Marxismus praktizierte. Da den Universitäten Hegelianische Tradition fehlte, war das Studium des Marxismus nur zugelassen, weil man ihn zu widerlegen trachtete. Sartre schildert seine Annäherung an den Marxismus und stellt dann die Frage: »Warum aber hat der ›Existentialismus‹ seine Autonomie bewahrt? Warum ist er nicht im Marxismus aufgegangen?«

In der kurzen Studie *Existentialismus oder Marxismus?* glaubt Georg Lukács, der ungarische Philosoph, diese Fragen beantwortet zu haben. Er verbreitet darin die These, die bürgerlichen Intellektuellen seien gezwungen worden, vom Idealismus Abstand zu nehmen, während seine Resultate und Fundamente erhalten blieben, weil im bürgerlichen Bewußtsein in der imperialistischen Epoche die historische Notwendigkeit eines »dritten Weges« zwischen Idealismus und Materialismus bestand.

Sartre schreibt, daß er noch zeigen werde, welches Unheil dieser Typus einer *A-priori*-Konzeptualisierung innerhalb des Marxismus angerichtet hat, doch für den Moment, so stellt er fest, habe Lukács nicht einer grundlegenden Tatsache seines, des Sartreschen, Marxismus und Existentialismus Rechnung getragen, nämlich, daß seiner Meinung nach der historische Materialismus die einzige gültige Interpretation der Geschichte biete und *gleichzeitig* der Existentialismus der einzige konkrete Zugang zur Realität bleibe. Sartre gibt zwar die Widersprüche dieser Auffassung zu, schreibt jedoch, Lukács habe sie nicht einmal geahnt. Viele Intellektuelle erleben die Spannung, die sich aufgrund dieser doppelten Forderung ergibt. Sie entspringt einem Umstand, den Lukács nur zu gut kennt, über den etwas zu sagen er aber offenbar nicht fähig ist. Nachdem der Marxismus unsere bürgerlichen Denkkategorien allesamt zerschlagen und alle unsere Gedanken umgewandelt hat, läßt er uns abrupt im Stich, außerstande, unser Bedürfnis nach Verstehen der Welt aus der besonderen Situation heraus, in die wir versetzt sind, zu befriedigen. Er kann, weil er zum Stillstand gekommen ist, nichts Neues mehr beibringen.

In der frühen Phase der Sowjetunion, als sie von kapitalistischen Staaten eingekreist war und die gigantische Aufgabe der Industrialisierung anzupacken begann, mußte sich die Ideologie den Forderungen nach Sicherung und Aufbau des Sozialismus, d. h. nach Einheit, unterordnen. Paradoxerweise war das Ergebnis des Strebens nach Einheit, daß Praxis und Theorie voneinander getrennt wurden, indem Praxis sich in einen prinzipienlosen Empirizismus und Theorie sich in reines und starres Wissen verwandelte.

In diesem Kontext führt Sartre Beispiele heutigen marxistischen Denkens an. Der Marxist von heute beschäftigt sich nicht, wie Marx es tat, mit lebendigen Totalitäten, sondern mit starren Entitäten – Sartre nennt sie »allgemeine Singularitäten«. Sartre referiert zum Beleg eine marxistische (antisowjetische) Interpretation der sowjetischen Einmischung in Ungarn. Ihr zufolge ist die zögernde und unentschlossene Politik der Sowjetunion begrifflich in der Entität »sowjetische Bürokratie« festgehalten, und die Realität der Arbeiterräte ist dem Abstraktum »direkte Demokratie« gewichen. Die formale Einheit dieser abstrakten und universellen Begriffe wird dann mit realer Macht ausgestattet. Wer so denkt, macht sich einer Fetischisierung der eigenen rein formalen Entitäten schuldig. Wir finden uns mit einem Widerspruch zwischen zwei platonischen Ideen alleingelassen.

Lebendiger Marxismus ist heuristisch: In bezug auf seine konkreten Untersuchungen erscheinen seine Prinzipien und sein Vorwissen als *Regulatoren*. Marx selbst setzt sich mit lebendigen Totalitäten auseinander (z. B. dem Kleinbürgertum im *18. Brumaire*[2]), die sich im Verlauf seiner Ausführungen *selbst* definieren. Setzte man sich nicht mit lebendigen Totalitäten auseinander, so wäre die Bedeutung, die Marxisten der *Analyse* der Situation beimessen, ohne jeden Sinn. Situations-Analyse reicht freilich nicht aus – sie ist das erste Moment einer synthetischen Rekonstruktion, doch für die nachherige Rekonstruktion des Wechselspiels komplexer Ereignisse notwendig. Heute indes ist die Analyse zu einer bloßen Zeremonie reduziert und nicht mehr eine Sache des Faktenstudiums unter den allgemeinen Gesichtspunkten des Marxismus, um unser Wissen zu bereichern und Handlungen zu klären. Die Analyse besteht heute darin, Details zu eliminieren, gewissen Ereignissen eine Bedeutung aufzuzwingen und Fakten zu deformieren, um aus ihnen als Substanz »synthetische Begriffe« abzuleiten, die umwandelbar und fetischisiert sind. Die unverhüllten Begriffe des Marxismus sind nunmehr geschlossen, sie sind keine Schlüssel, keine Interpretationsschemata mehr, sondern treten als bereits totalisiertes Wissen in Erscheinung. Statt über die Teile nach dem Ganzen zu forschen und so das Spezifische eines jeden Teils durch das Erkennen ihrer polyvalenten Bedeutungen zu bereichern, wie es das heuristische Prinzip fordert, beseitigen wir das Spezifische.

In der amerikanischen Soziologie gibt es zwar wirkliche Fortschritte, doch herrscht dort theoretische Ungewißheit. Die Psychoanalyse neigt nach fliegendem Start zu Starrheit, bei einer Fülle von Detailkenntnis und einem Mangel an theoretischer Basis. Der Marxismus hingegen verfügt über eine theoretische Basis; er umfaßt alles menschliche Handeln, *aber er weiß nichts mehr,* seine Begriffe sind *Diktate.* Sein Ziel ist nicht mehr, zu Erkenntnis zu gelangen, sondern sich selbst *a priori* als absolute Erkenntnis zu konstituieren. Gegenüber dieser doppelten Ig-

2 Der 18. Brumaire im Revolutions-Kalender bezieht sich auf Napoleons Staatsstreich vom 9. November 1799.

noranz (Soziologie und Psychoanalyse auf der einen, Marxismus auf der anderen Seite) hat sich der Existentialismus zu erneuern und zu bestehen vermocht. Sartre sagt deutlich, daß er, wenn er von Existentialismus spricht, seinen eigenen und keinen anderen meint. Existentialismus und Marxismus haben denselben Gegenstand. Aber der Marxismus hat den Menschen in der Idee aufgehen lassen, während der Existentialismus nach dem Menschen sucht, *wo immer er ist,* ob bei der Arbeit, auf der Straße, in sich selbst. Der Mensch ist nichts Unerkennbares, aber er ist unerkannt. Erstaunlicherweise wird die Geschichte unseres Zeitalters – wie das schon immer der Fall gewesen ist – ohne reflektives Wissen hervorgebracht. Eben der Kern des Marxismus, das, was seine Macht und seine Fruchtbarkeit ausmachte, ist, daß dies nicht mehr der Fall sein sollte. Was die letzten zwanzig Jahre betrifft, so hat der Marxismus die Geschichte mit seinem Schatten jedoch nur verdunkelt. Er hat aufgehört, mit der Geschichte zu leben, und mittels bürokratischem Konservativismus versucht, Wandel auf Identität zu reduzieren.

Diese Sklerose ist kein normaler Alternsprozeß. Der Marxismus ist alles andere als erschöpft; er ist jung, steckt fast noch in den Kinderschuhen. Er beginnt seine Entwicklung mit großen Schwierigkeiten. Er bleibt, weil die Umstände, die ihn entstehen ließen, nicht überwunden sind, die unüberwindbare Philosophie unserer Zeit. Existentialismus wie Marxismus halten sich, um konkrete Synthesen zu entdecken, an die Erfahrung. Diese Synthesen können nur im Innern einer in Bewegung befindlichen, dialektischen Totalisierung erfaßt werden, die nichts anderes als Geschichte oder, unter dem rein kulturellen Aspekt, den wir hier verfolgen, das Konkretwerden von Philosophie ist. *Wahrheit wird.* Sie ist geworden, sie wird werden. Sie ist eine Totalisierung, die unaufhörlich sich selbst totalisiert. Bestimmte Fakten bedeuten nichts, sind weder wahr noch falsch, außer insofern sie nicht durch Vermittlung verschiedener partieller Totalitäten in den Gang der Totalisierung einbezogen sind.

Sartre stellt seine Übereinstimmung mit bestimmten grundlegenden Bemerkungen von Garaudy[3] und Engels[4] über den

---

3 Die Aussage, auf die sich Sartre hier bezieht, lautet: »Nur der Marxismus liefert heutzutage das Koordinatensystem, das allein die Einordnung

Marxismus fest. Er greift die marxistische Definition des Materialismus als des »Vorrangs der Existenz vor dem Bewußtsein« auf, wie Lukács sie benutzt hatte, um den Marxismus vom Existentialismus zu unterscheiden, und macht uns klar, daß für den Existentialismus, wie ja der Name schon andeutet, dieser Primat Gegenstand einer Prinzipbestätigung ist.

Die einzige heute gültige Erkenntnistheorie ist die auf jenem Prinzip der Mikrophysik gegründete, daß der Experimentator Teil der Versuchsanordnung ist. Nur eine solche Theorie kann alle idealistischen Illusionen aus der Welt schaffen und uns den realen Menschen inmitten einer realen Welt zeigen; freilich enthält dieser Realismus einen reflexiven Ausgangspunkt: Die Enthüllung einer Situation erfolgt in der Praxis und durch die Praxis, die sie verändert. Das bedeutet nicht, daß Bewußtsein am Ursprung des Handelns steht, sondern daß wir Bewußtsein als notwendiges Moment des Handelns selbst am Ursprung sehen.

Erkenntnistheorie bleibt freilich der schwache Punkt des Marxismus. Wenn Marx schreibt, daß die materialistische Weltauffassung »ganz einfach die Auffassung der Natur, so wie sie ohne fremden Zusatz ist«, bedeute, so begibt er sich dadurch in die Position reiner Äußerlichkeit, welche Natur betrachtet, »wie sie ist«, als etwas rein und objektiv Absolutes. Nachdem er sich so aller Subjektivität entledigt hat und Teil einer reinen, objektiven Wahrheit geworden ist, ergeht er sich in einer von menschlichen Objekten bevölkerten Welt von Objekten. Lenin hingegen schreibt, daß Bewußtsein »nur eine Widerspiegelung des Seins, bestenfalls eine in ewiger, unendlicher Annäherung exakte Widerspiegelung« sei. Allem Anschein nach gibt es in der marxistischen Erkenntnistheorie ein konstituierendes Bewußtsein, das *a priori* die Rationalität der Welt be-

und Definition eines Gedankens auf jedwedem Gebiet von der politischen Ökonomie bis zur Physik, von der Geschichte bis zur Ethik .ermöglicht« (Garaudy in *L'Humanité* vom 17. Mai 1955).

4 »[...] die Menschen machen ihre Geschichte selbst, aber in einem gegebenen, sie bedingenden Milieu, auf Grundlage tatsächlicher Verhältnisse, unter denen die ökonomischen, so sehr sie auch von den übrigen politischen und ideologischen beeinflußt werden mögen, doch in letzter Instanz die entscheidenden sind und den durchgehenden allein zum Verständnis führenden roten Faden bilden« (Engels an Starkenburg, 25. 1. 1894. In: Marx-Engels, *Briefe über das Kapital*, Stuttgart 1953, S. 366).

hauptet (und dabei in Idealismus verfällt) und als einfache Reflexion das konstituierte Bewußtsein eines jeden einzelnen Menschen determiniert (und dabei in einen skeptischen Idealismus mündet). Beide Auffassungen zerbrechen die reale Beziehung zwischen Mensch und Geschichte. In der ersten ist die Erkenntnis reine Theorie, unsituierte Beobachtung, während sie in der zweiten einfache Passivität ist. Die beiden Auffassungen können, da sie im Kern antidialektisch und prämarxistisch sind, einander auch nicht durch eine »dialektische Theorie der Widerspiegelung« angeglichen werden. Man kann nicht nur dadurch in Idealismus verfallen, daß man Realität in Subjektivität auflöst, sondern auch dadurch, daß man wirkliche Subjektivität im Namen von Objektivität verleugnet. In Wahrheit ist Subjektivität weder alles noch garnichts: sie ist ein Moment des objektiven Prozesses, und dieses Moment eliminiert ständig sich selbst und schafft sich ständig neu.

II. Das Problem der Vermittlung und der Hilfswissenschaften

Sartre beginnt den zweiten Teil von *Questions de méthode* mit der Frage: Wenn wir den Vorrang der Existenz vor dem Bewußtsein und wenn wir – wie Sartre – die präzise, von Marx im *Kapital* gegebene Definition von Materialismus, die Produktionsweise des materiellen Lebens bedinge den sozialen, politischen und geistigen Prozeß, akzeptieren – warum sind wir dann nicht einfach Marxisten? Wir sind es nicht, weil wir die Behauptungen von Engels und Garaudy als *Leitprinzipien*, als Aufgaben- und Problemstellungen und nicht als konkrete Wahrheiten betrachten. *Sie bilden in diesem Stadium noch keinen Wissensbestand – alles ist erst noch zu tun, wir müssen erst noch eine Methode finden und eine Wissenschaft aufbauen.*
Die Fehlanwendung dieser Leitprinzipien auf eine Situation, um ein vorgespiegeltes *a-priori*-Wissen vorzuweisen, das seine Begriffe nicht aus der Erfahrung bezieht, wird durch Lukács' These veranschaulicht, daß Heideggers Existentialismus sich unter dem Einfluß der Nazis in Aktivismus verwandelt habe, während der französische Existentialismus, liberal und anti-

faschistisch, die Revolte des Kleinbürgertums gegen die Unterdrückung durch die deutsche Besatzungsmacht zum Ausdruck bringe. Dieses aufgezwungene Schema wird von Sartre in recht ironischer Art widerlegt. Mindestens eine Richtung des deutschen Existentialismus verweigerte jedes geheime Zugeständnis an die Nazis, nämlich die Jaspersche. Sartres *L'Être et le Néant (Das Sein und das Nichts)* entstand aus Untersuchungen, die er unter dem Einfluß von Husserl, Scheler und Heidegger 1933 in Berlin vorgenommen hatte, zu einer Zeit also, als Heidegger sich in einer Phase völligen »Aktivismus« hätte befinden müssen. Sartre hatte die Methode und die entscheidenden Schlußfolgerungen seines Buches aber schon vor seinen Erfahrungen mit der deutschen Besatzungsmacht, nämlich im Winter 1939/40, erarbeitet; und Heidegger ist in seinen Schriften tatsächlich niemals ein Aktivist gewesen. Sartre gibt Lukács sodann den Rat – wenngleich er, Sartre, keinen Marxisten kenne, der dazu fähig sei –, Heidegger zu lesen und ihn Satz für Satz zu überprüfen. Von Brentano zu Husserl und von dort zu Heidegger existiert eine komplette und sehr komplexe Dialektik. Sie bildet das, was Sartre eine »Regionalgeschichte« nennt und kann nicht als reines Epiphänomen abgetan werden.

Können wir Husserls Phänomenologie nicht als ein im Heideggerschen System bewahrtes und überwundenes Moment ansehen? Dies erfordert keine Änderung in den marxistischen Prinzipien, aber die Situation wird noch viel komplexer. Man mag die Komplexität der Situation bedauern, aber man muß sie in ihrer Komplexität akzeptieren.

Sartre charakterisiert die heutigen Marxisten mit dem Hinweis, sie verheimlichten vor sich selbst, daß sie Zuflucht zu teleologischen Erklärungen nehmen. Viele marxistische Erklärungen bestimmen das historische Unternehmen, das gerade untersucht wird, durch die Endresultate, zu denen es führt, oder oftmals wird das Unternehmen auf die Ausbreitung einer physikalischen Bewegung in einem Trägheitssystem reduziert. Denken heißt für die meisten dieser Marxisten, vorgeben, zu totalisieren. Was wirklich geschieht, ist, daß das Besondere durch das Allgemeine ersetzt wird. Angeblich betreiben sie Konkretisierung – tatsächlich jedoch läuft dies auf die Präsentation von Festlegungen hinaus, die grundlegend, aber abstrakt sind. Hegel ließ wenigstens noch zu, daß die Besonderheit als überwundene Besonderheit weiterbesteht; die Marxisten heute sind indessen der Meinung, daß sie ihre Zeit verschwenden würden, wenn sie versuchten, eine Form bürgerlichen Denkens in seiner *Eigenart* zu fassen; für sie ist die Aufgabe, es als eine idealistische Denkweise einzuordnen, die als konkrete Realität vorgeschlagen wird. Für sie besteht das Sein bürgerlichen Denkens, während es an sich in der Hauptsache Mangel an Substanz ist, in seiner Zurückführbarkeit auf eine Idealismus-Substanz. Hieraus entsteht eine fortwährende Fetischisierung.

Immerhin ist es allerdings ein Marxist, Henri Lefebvre[5], der uns eine Methode zur Vereinigung von Geschichte und Soziologie unter dem Blickwinkel des dialektischen Materialismus anbietet, und an dieser Methode hat Sartre nichts auszusetzen. Lefebvre zeigt, daß in der Untersuchung z. B. der Realität des bäuerlichen Daseins zunächst eine *horizontale* Komplexität zu beachten ist – die einer Gruppe von Menschen mit ihren landwirtschaftlichen Produktionsformen, ihrem Verhältnis zu diesen Formen und der von ihnen determinierten gesellschaftlichen Struktur, die wiederum die Gruppe bedingt; und die Gruppe ist wiederum von nationalen und internationalen Strukturen abhängig usf. Daneben besteht eine *vertikale* Komplexität; sie ist historisch: die Koexistenz in der ländlichen Welt von Dingen unterschiedlichen Alters und unterschiedlicher Dauer. Diese zwei Komplexitäten wirken aufeinander ein. Zur Untersuchung einer solchen Situation skizziert Lefebvre eine Methode mit drei Momenten: 1. eine Phase der phänomenologischen Beschreibung – Beobachtung, die ihre Information durch Erfahrung und durch eine allgemeine Theorie gewinnt; 2. ein analytisch-regressives Moment – ein Zurückschreiten in der Geschichte des Gegenstandes, um seine früheren Stadien zu definieren und zu datieren; 3. ein synthetisch-progressives Moment, das zwar noch historisch-genetisch ist, aber sich von der Vergangenheit in die Gegenwart bewegt, in dem Versuch, die im Lichte der kompletten phänomenologischen, analytisch-synthetischen, regressiv-progressiven Methode erhellte und rekonstituierte Gegenwart wiederzuentdecken. Sartre hält diese Me-

5 Henri Lefebvre, *Perspectives de sociologie rurale*, in: *Cahiers de Sociologie*, 1953; deutsch in: *Beiträge zur marxistischen Erkenntnistheorie*, hgg. v. Alfred Schmidt, Frankfurt/Main 1969.

thoden, wenn auch mit Abweichungen, für alle Bereiche der
Anthropologie gültig und wendet sie später auch auf Personen und konkrete Beziehungen zwischen Personen an.

Wenn wir – sagen wir – Valéry verstehen wollen, der der konkreten historischen Gruppe des französischen Kleinbürgertums
vom Ende des vorigen Jahrhunderts entstammte, sollten wir
nicht bei den Marxisten Hilfe suchen. Sie würden an die Stelle
dieser genau definierten Gruppe die *Idee* ihrer materiellen Bedingungen, ihres Verhältnisses zu anderen Gruppen und ihrer
inneren Widersprüche setzen. Wir kehren dabei zu wirtschaftlichen Kategorien zurück und betrachten die Schwankungen
der gesellschaftlichen Einstellung des Kleinbürgertums unter
dem Blickwinkel ihrer gleichzeitigen Bedrohung durch die kapitalistische Konzentration einerseits und durch die Revanchegelüste des Volkes andererseits. Dieses Universalskelett ist auf
seinem *Abstraktionsniveau* völlig richtig; aber wir haben es
mit Valéry zu tun, einem *bestimmten Menschen*. Alle Eigentümlichkeiten in Valérys Denken werden vom Materialismus
dialektisch bestimmt. An einem bestimmten Punkt freilich hört
die abstrakte Schematisierung auf, und der Marxist sieht seine
Arbeit als beendet an. Und was Valéry betrifft: er hat sich in
Nichts aufgelöst.

Wir behaupten auch, sagt Sartre, daß der Idealismus ein Objekt ist, weil wir ihn benennen, lehren, ihn anerkennen oder
bekämpfen. Er war eine lebendige Philosophie – nun ist er eine
tote. Er war der Beweis für bestimmte Beziehungen zwischen
Menschen. Wir sehen ihn jedoch nicht als ein Ding, sondern als
ein Idee-Objekt, einen speziellen Realitätstypus. Er hat reale
Präsenz und historische Wurzeln. Ohne Zweifel ist Valéry ein
kleinbürgerlicher Intellektueller, aber nicht jeder kleinbürgerliche Intellektuelle ist Valéry; und dies macht die heuristische
Unvollkommenheit des heutigen Marxismus aus. Woran es
dem Marxismus mangelt, ist eine Hierarchie von Vermittlungen, die notwendig wäre, um den Prozeß zu begreifen, durch
den eine Person und ihr Produkt innerhalb einer bestimmten
Klasse und Gesellschaft zu einem bestimmten historischen Zeitpunkt entstehen. Beim Schreiben über Valéry und sein idealistisches Werk nimmt der Marxist in beiden lediglich das wahr,
was seine Kategorien erfassen, und dies führt dazu, daß er das
Besondere eliminiert und für eine einfache Wirkung des Zu-

falls erklärt – wie Engels sagte: Hätte Napoleon nicht gelebt – ein anderer wäre an seiner Stelle dagewesen. Hingegen besteht der Existentialismus nachdrücklich auf der Aufdeckung von Vermittlungen, um das konkrete Individuum zu begreifen.

Heutige Marxisten weisen nach, daß der Realismus Flauberts in Wechselbeziehung zur gesellschaftlichen und politischen Entwicklung des Kleinbürgertums im Second Empire steht. Aber sie zeigen nicht die Genesis dieser Reziprozität auf, und auch nicht, warum Flaubert Literatur klar bevorzugte. Wir bekommen auch keinen Aufschluß, warum er gerade *seine* Bücher und nicht, sagen wir, die der Goncourts geschrieben hat. Zu solch entscheidenden Formulierungen wie »dem Bürgertum angehören« hat der Marxismus nichts zu sagen. Kinder werden nicht in dem Alter geboren, da sie ihr erstes Geld verdienen oder Kapital besitzen oder ihren ersten Arbeiter ausbeuten. Ein Kind erfährt seine Entfremdung und Vergegenständlichung nicht zuallererst im Verlaufe seiner eigenen Arbeit, sondern in der seiner Eltern. Es waren weder die Grundrente noch das Intellektuelle seiner Arbeit, die Flaubert zu einem Mitglied des Bürgertums machten, sondern die Tatsache, daß er in eine Familie hineingeboren wurde, die bereits bürgerlich war. Er akzeptierte die ihm aufgezwungenen Rollen und Gesten zu einer Zeit, als er ihre Bedeutung noch nicht verstehen konnte. Doch wie alle Familien war auch die Flauberts eine spezifische Familie, und unter dem Einfluß der eigentümlichen Widersprüche dieser Familie durchlief Flaubert seine Lebensgeschichte als Bourgeois. Veränderung war nicht eingeplant. Flaubert erlebte den besonderen Widerstreit zwischen dem wiederauflebenden religiösen Pomp eines monarchistischen Regimes und dem Agnostizismus seines Vaters, eines kleinbürgerlichen Kindes der Revolution.

Gegenwärtig erlaubt uns nur die Psychoanalyse, einen Prozeß zu analysieren, durch den ein Kind, noch im dunkeln tastend, die Rolle zu spielen versucht, die ihm seine Eltern auferlegen. Nur die Psychoanalyse zeigt uns, ob das Kind sich dieser Rolle entzieht, ob sie sich als verhängnisvoll für das Kind erweist oder ob es sich völlig anpaßt. Nur die Psychoanalyse erlaubt uns, im Erwachsenen den »ganzen Menschen« mit dem ganzen Gewicht seiner Lebensgeschichte zu finden. Es wäre völlig falsch, diese Disziplin als mit dem dialektischen Materialis-

mus unvereinbar anzusehen, obwohl – das muß man zugeben
– einige unvorsichtige Psychoanalytiker Theorien über Gesellschaft und Geschichte aufgestellt haben, die in Idealismus en-
den. Der Marxismus kommt nicht mehr ohne die Vermittlung
aus, die es ihm ermöglicht, von abstrakten, generellen Be-
stimmtheiten zum Individuum überzugehen.

Der Psychoanalyse fehlen Prinzipien und theoretische Basis,
und dazu paßt, daß sie bei Jung und in bestimmten Werken
Freuds zu einer äußerst harmlosen Mythologie Zuflucht nimmt.
Nun ist die Psychoanalyse natürlich vor allem eine Methode,
die Art und Weise zu bestimmen, wie ein Kind innerhalb einer
bestimmten Gesellschaft seine Familienbeziehungen erlebt. Dies
zieht beileibe nicht die Priorität von Institutionen in Zweifel –
ganz im Gegenteil: die Familie des Kindes, als diese besondere
Familie, ist nur die Singularisierung der *dieser* speziellen Klasse unter *diesen* Bedingungen eigentümlichen Familienstruktur.

Im Gegensatz zum Marxismus, wie er heute besteht, kann der
Existentialismus der Psychoanalyse ihren richtigen Platz zu-
weisen. Die Psychoanalyse entdeckt den Punkt, an dem ein
Mensch in eine Klasse eingeschaltet ist, d. h. sie entdeckt die
einzelne Familie als Vermittlung zwischen der Klasse und dem
Individuum. Die Familie wird in der allgemeinen Bewegung
der Geschichte und durch sie konstituiert und in der Undurchschaubarkeit jeder einzelnen Kindheit als etwas Absolutes erlebt. Sartre versichert den Marxisten, daß sie von den Methoden der Psychoanalyse und des Existentialismus, deren Ziel es
lediglich ist, wieder konkrete Bereiche des Realen einzubezie-
hen, nichts zu befürchten haben. Die Leiden der Personen erlangen ihre wirkliche Bedeutung, wenn sie als konkrete Über-
setzung der Entfremdung des Menschen gesehen werden. Der
Existentialismus kann heute, unterstützt von der Psychoanalyse, nur solche Situationen untersuchen, in denen der Mensch
sich seit seiner Kindheit selbst verloren hat, weil es in einer
auf Ausbeutung basierenden Gesellschaft keine anderen Situationen gibt.

Jeder von uns erlebt seine ersten Jahre in einem Zustand des
Umherschweifens und Umhertastens, wobei die Internalisierung des Äußerlichen eine nicht reduzierbare Tatsache ist. Die
Psychoanalyse trifft im Rahmen einer dialektischen Totalisierung einerseits objektive Strukturen, materielle Bedingungen,

andererseits das Fortwirken unserer unüberwindbaren Kindheit im Erwachsenenleben an. Es wird demnach z. B. unmöglich, *Madame Bovary* direkt zur politisch-gesellschaftlichen Struktur und zur Evolution des Kleinbürgertums in Beziehung zu setzen. Das Buch muß auf die von Flaubert während seiner Kindheit erfahrene Realität zurückgeführt werden.

Die marxistische Auffassung, daß die gesellschaftlichen Handlungen einer Person von den allgemeinen Interessen ihrer Klasse bestimmt werden, ist mit dem Gedanken der Konditionierung gegenwärtigen Handelns durch kindliche Erfahrung keineswegs unvereinbar. Die meisten von uns sind aus den Vorurteilen, Hoffnungen und Gedanken der Kindheit niemals herausgewachsen: unsere irrationalen Reaktionen entspringen unserer Kindheitsblindheit, der »fortgesetzten Verwirrung« unserer Kinderzeit. Doch, so fragt Sartre, was ist diese unüberwindbare Kindheit denn, wenn nicht eine besondere Form, die allgemeinen Interessen der Umgebung zu erleben?

Sartre betrachtet bestimmte Typen von Soziologie. Die Grundlagen dieser Soziologie sind oft ein verschleierter Idealismus. Lewin z. B. macht aus der Totalisierung einen Fetisch. Statt das reale Werden der Geschichte zu sehen, hypostasiert er vollzogene Totalisierungen. Die Soziologie stellt sich zwar nicht insofern in Gegensatz zum Marxismus, als sie die provisorische Autonomie ihrer Methode unterstellt – was uns in der Tat die Mittel an die Hand gäbe, sie zu integrieren –, sondern insofern, als sie die grundsätzliche Autonomie ihres Gegenstandes in dreierlei Hinsicht behauptet. Da ist erstens die *ontologische Autonomie*: Trotz aller Vorsicht wird die so aufgefaßte Gruppe eine substantielle Einheit – selbst dann und speziell dann, wenn man ihre Existenz durch ihr Funktionieren definiert. Zweitens die *methodologische Autonomie:* die Substitution tatsächlicher, vollendeter Totalitäten im Zuge dialektischen Totalisierens. Eine Wissenschaft auf der Basis von Strukturgesetzen, die in Funktionen oder funktionalen Beziehungen zwischen Teilen eines Ganzen gründen, kann das zu ihrem Studium machen, was Lefebvre »horizontale Komplexität« nennt. Sie kann die Geschichte des Individuums oder die der Gruppe zum Gegenstand der Untersuchung machen. Schließlich, an dritter Stelle, haben wir die *reziproke Autonomie des Experimentators und der Versuchsgruppe.* Der Soziologe ist entweder nicht situiert oder er trifft, falls er es ist, Vorsichtsmaßnahmen, sich zu desituieren. Zwar kann er sich provisorisch in eine Gruppe integrieren, doch dies nur in dem Wissen, daß er sich später wieder disengagieren wird.

Tatsächlich bilden der Soziologe und sein »Objekt« ein Paar, von dem jeder vom anderen interpretiert wird und dessen Beziehung selbst als ein Augenblick der Geschichte entziffert werden muß. Dennoch zeigt die Soziologie, so wie sie derzeit existiert, als provisorisches Moment historischer Totalisierung, ohne theoretisches Fundament und mit der Genauigkeit ihrer Hilfsverfahren – Tests, Statistik usf. –, neue Vermittlungen zwischen konkreten Personen und den materiellen Bedingungen ihres Lebens, zwischen menschlichen Beziehungen und Produktionsverhältnissen, zwischen Personen und Klassen (oder jeder anderen Form von Gruppe) auf.

Für Sartre hat die Gruppe nicht und kann die Gruppe nicht jene Art von metaphysischer Existenz haben, die Soziologen ihr gern geben möchten. In Übereinstimmung mit dem Marxismus vertritt Sartre die Meinung, daß, was Gruppen betrifft, es nur Menschen und reale Beziehungen zwischen Menschen gibt. Die Gruppe stellt nichts anderes dar als eine Vielheit von Beziehungen und Beziehungen zwischen Beziehungen. Diese Überzeugung beziehen wir daraus, daß wir die Beziehung zwischen dem Soziologen und seinem Objekt als Wechselbeziehung werten – der Untersuchende kann niemals »außerhalb« der Gruppe stehen, außer in dem Maße, wie er »in« einer anderen Gruppe steht, abgesehen von jenen Grenzfällen, in denen der »Ausschluß« aus der Gruppe die Konsequenz eines wirklichen Ausschlußaktes ist. Sartre fährt fort mit einem in der *Kritik der dialektischen Vernunft* weiterentwickelten Gedanken, daß die Realität der Kollektivgegenstände von Untersuchungen aus *Rekurrenz* besteht. Diese Rekurrenz beweist, daß Totalisierung niemals erreicht wird und daß Totalität niemals als mehr denn als detotalisierte Totalität existiert. Die Kollektive existieren auf eine Weise, daß sie sich unmittelbar der Handlung und der Wahrnehmung enthüllen; stets werden wir in ihnen eine konkrete Materialität (Bewegung, Gebäude, Wörter usw.) finden, die einen sie zersetzenden Prozeß offenbart.

Es geht nicht darum, dem Marxismus eine weitere Methode hinzuzufügen. Die Entwicklung dialektischer Philosophie sollte, in einem einzelnen synthetischen Akt, eine sowohl horizontale wie vertikale Totalisierung bewirken. Und Sartre warnt, daß es, sollte der Marxismus dies zu tun sich verschließen, andere versuchen werden. Von dem Tage an, da die marxistische Forschung den »existentiellen Plan« zur anthropologischen Erkenntnis macht, wird es für den Existentialismus keine *raison d'être* mehr geben. Von der totalisierenden Entwicklung von Philosophie aufgeschluckt und bewahrt, wird der Existentialismus aufhören, spezielle Forschung zu sein, und die Grundlage allen Forschens werden. Sartres Feststellungen in diesem Aufsatz zielen darauf, den Augenblick dieser Auflösung zu beschleunigen.

III. Die progressiv-regressive Methode

Ohne Einschränkungen akzeptiert Sartre die Engelssche These, daß die Menschen ihre Geschichte selbst machen, wenngleich in einem gegebenen, sie bedingenden Milieu. Jedoch läßt diese These unterschiedliche Deutungen zu. Der idealistische Marxismus scheint sich für die leichtere Interpretation entschieden zu haben, nämlich daß der Mensch ein Produkt der Umstände sei, die sich in letzter Analyse stets als ökonomische Bedingungen entpuppen. Dieses Produkt fügt sich, wie andere, ähnlich konditionierte Produkte auch, selbst in die gesellschaftliche Ordnung ein und beschleunigt oder verlangsamt, je nachdem, von welcher Natur es ist, den Lauf der Welt. Es verändert die Gesellschaft auf die gleiche Weise, wie eine dem Prinzip der Trägheit gehorchende Bombe eine Stadt zerstört. So gesehen, besteht zwischen dem Menschen und einer Maschine kein Unterschied.
Falls wir jedoch dem, was Sartre als authentischen marxistischen Standpunkt ansieht, Gerechtigkeit widerfahren lassen wollen, so müssen wir sagen, daß der Mensch in einer Phase der Ausbeutung zu ein und derselben Zeit das Produkt seines eigenen Produkts *und* ein historisch Handelnder ist, der nicht als Produkt betrachtet werden kann. Dies ist kein statischer Widerspruch, doch muß man es in der Bewegung der Praxis begreifen. Dann nämlich wird Engels' Aussage deutlicher: Die Menschen machen ihre Geschichte auf der Grundlage realer,

vorgegebener Bedingungen (erworbene Eigenschaften, durch Arbeits- und Lebensweise aufgenötigte Störungen, Entfremdung usw.), *aber es sind die Menschen, die Geschichte machen, und nicht die vorgegebenen Verhältnisse.* Falls nicht, wären sie lediglich das Vehikel objektiver Mächte. Natürlich sind die vorgegebenen Bedingungen existent, und es sind diese allein, die eine Richtung und eine materielle Wirklichkeit für die sich vollziehenden Veränderungen liefern können. Aber die Bewegung der menschlichen Praxis überschreitet diese Bedingungen, während sie sie erhält.

Es ist wahr, daß die wirklichen Bedeutungen menschlicher Taten den Menschen oftmals entgehen. Das Proletariat als historisches Subjekt realisiert nicht unbedingt in einer einzigen Bewegung seine Einheit und wird sich nicht in einer einzigen Bewegung voll seiner historischen Rolle bewußt. Aber wenn mir meine Geschichte entgeht, so heißt das nicht, daß ich meine Geschichte nicht mache. Sie »entgeht mir«, weil auch *die anderen* Geschichte machen.

Marx hat seine Gedanken sehr präzise formuliert. Wenn man z. B. auf einen Erzieher einwirken bzw. ihn beeinflussen möchte, so muß man auf die Faktoren einwirken bzw. sie verändern, die ihn bestimmen. Im marxistischen Denken finden wir die Merkmale äußerer Bestimmung und die der progressiven synthetischen Einheit, der menschlichen Praxis, unlöslich miteinander verknüpft. In ihrem Kern artikuliert die marxistische Theorie den Willen, die Gegensätze von Äußerlichkeit und Innerlichkeit, von Vielfalt und Einheit, von Analyse und Synthese, von Natur und Anti-Physis zu überwinden.

Sartre entwickelt den Begriff des historischen Subjekts, indem er Engels' Schilderung des Bauernkrieges untersucht. Die mangelnde Einheit der zahlreichen provinziellen Bauernbewegungen führte dazu, daß den einzelnen Gruppen ein wirkliches Gefühl des Projekts fehlte. Zwar mögen, aus lokaler Sicht, die einzelnen Bauernerhebungen erfolgreich erschienen sein – im Rahmen einer Totalisierung jedoch war ihre Wirkung völlig anders. Der Mensch macht Geschichte; das bedeutet: er vergegenständlicht und entfremdet sich in ihr. Geschichte ist das Werk *aller* Aktivität *aller* Menschen, und sie erscheint ihnen in genau dem Maße als fremde Macht, in dem sie die Bedeutung ihres Projekts im objektiven Gesamtergebnis nicht erkennen (selbst wenn es einigen *lokalen* Erfolg hat). Durch den Abschluß von Separatfrieden waren die Bauern in einer bestimmten Provinz lokal siegreich, zugleich schwächten sie so ihre Klasse, und dies bekamen sie zu spüren.

Dadurch, daß das Proletariat Bewußtsein von sich selbst erwirbt, wird es historisches Subjekt, d. h. das Proletariat erkennt sich selbst in der Geschichte. Durch die Vereinigung der Ausgebeuteten und die zahlenmäßige Verringerung der kämpfenden Klassen wird die Geschichte schließlich für die Menschen einen Sinn erlangen. Diesen Punkt haben wir jedoch noch nicht erreicht: Es gibt Proletariate, es gibt unterschiedlich sich entwickelnde nationale Proletariate. Es wäre jedoch ebenso falsch, die Solidarität dieser Proletariate zu verkennen, wie ihre Trennung voneinander zu unterschätzen. Wahr ist, daß Separierungen und ihre theoretischen Konsequenzen, nämlich der Zerfall der bürgerlichen Ideologie und der vorläufige Stillstand des Marxismus, unsere Epoche verpflichten, sich, ohne sich zu kennen, zu entwickeln; aber es ist nicht wahr, daß die Geschichte als Ganzes keine fremde Macht für uns ist. Die gegenwärtige Pluralität der Bedeutung von Geschichte heißt, daß Geschichte nur auf der Basis einer zukünftigen Totalisierung, als Funktion dieser zukünftigen Totalisierung und im Widerspruch zu ihr sich entdecken und für sich selbst Modell stehen kann. Unsere tägliche Aufgabe ist es, dieser Totalisierung näher zu kommen. Wir besitzen das theoretische Werkzeug, und wir sind imstande, eine Methode zu ersinnen. Unsere historische Aufgabe innerhalb dieser polyvalenten Welt besteht darin, näher und näher an den Augenblick heranzurücken, in dem in gewissem Sinne Geschichte nur noch einen einzigen Gesamtsinn hat, an den Augenblick, in dem Geschichte sich in konkrete *Menschen* auflösen wird, die die Geschichte gemeinsam machen werden.

Der Plan

Entfremdung kann die Ergebnisse einer Handlung verändern, nicht aber ihre profunde Realität. Wir weigern uns, den entfremdeten Menschen mit einem Ding oder die Entfremdung mit physikalischen Gesetzen zu verwechseln. Wir behaupten die Spezifität der menschlichen Handlung, die das gesellschaft-

liche Milieu durchdringt und die Welt auf der Grundlage vorgegebener Verhältnisse verwandelt. Der Mensch ist fähig, zu
tun oder nicht zu tun, was an ihm getan worden ist, selbst
wenn er sich in seiner Verdinglichung nicht erkennt. Wir finden diese Kraft zur »Überwindung einer Situation« vor allem
im Bedürfnis. Bei den Bewohnern der Marquesas-Inseln z. B.
ist sie es, die den Frauenmangel als Strukturfaktum der Gruppe mit der matrimonialen Institution der Polyandrie verbindet. Die Frauenknappheit ist eine gesellschaftliche Situation,
und sie birgt in sich den Ansatz zu ihrer Überwindung. Auch
das rudimentärste Verhalten muß zu ein und derselben Zeit
im Hinblick auf reale, präsente Faktoren, die es bedingen, und
im Hinblick auf ein zukünftiges Objekt, das entstehen zu lassen es versucht, bestimmt werden. Dies ist es, was wir den
Plan nennen. Wir können einen doppelten gleichzeitigen Bezug definieren: In bezug auf das Gegebene ist Praxis Negativität, aber sie schließt immer auch die Negation einer Negation
ein; in bezug auf das Objekt, das wir anstreben, ist sie Positivität, doch diese Positivität öffnet sich auch auf das, was noch
nicht ist. Der Plan ist sowohl Negation als auch Realisierung; er
hält das Überwundene zurück und enthüllt das Überwundene,
das er in eben jener überschreitenden Bewegung negiert hat.
Erkenntnis ist somit ein Moment der Praxis, sogar der rudi-
mentärsten Praxis; aber solche Erkenntnis hat nichts mit absolutem Wissen zu tun. Sie ist durch die Negation der Realität definiert, die im Namen der noch nicht hergestellten Realität zurückgewiesen wird. Sie bleibt der Aktion verhaftet, die
sie erhellt, und verschwindet mit dieser Aktion. Deshalb ist es
absolut wahr, daß der Mensch das Produkt seines Produktes
ist; die durch menschliche Arbeit geschaffenen gesellschaftlichen
Strukturen legen für jeden von uns einen objektiven Ausgangspunkt fest. Man könnte sagen, daß die Wirklichkeit eines Menschen die Art seiner Arbeit und sein Lohn sind, aber diese Art
wird vom Menschen in seiner Tätigkeit fortwährend überschritten, und dieses Überschreiten ist nur als Relation des
Wirklichen zu dem ihm Möglichen zu verstehen. Die materiellen Verhältnisse eines Menschen umschreiben das Feld seiner
Möglichkeiten; das Feld des ihm Möglichen ist jenes Ziel, auf
das er sich bei der Überwindung seiner objektiven Situation zu-
bewegt. Das Feld dieser Möglichkeiten hängt wiederum von

der gesellschaftlichen und geschichtlichen Wirklichkeit ab. Zu sagen, was ein Mensch *ist*, bedeutet gleichzeitig zu sagen, was er *sein kann*, und umgekehrt.

Wie reduziert es auch sein mag – für den Menschen gibt es immer ein Feld des ihm Möglichen. Man sollte dieses Feld nicht als ein Terrain der Unbestimmtheit ansehen, sondern, im Gegenteil, als einen wohlstrukturierten Bereich, der auf der Geschichte in ihrer Totalität beruht und der seine eigenen Widersprüche hat. Im Schritt vom Gegebenen auf das Feld des Möglichen und in der Verwirklichung einer von allen Möglichkeiten vergegenständlicht sich das Individuum und trägt zur Herausbildung von Geschichte bei. Der Plan des Handelnden gewinnt dann eine Realität, *die der Handelnde selbst vielleicht gar nicht kennt,* die aber durch die Konflikte, die sie offenbart und erzeugt, den Gang der Ereignisse beeinflußt. Das Mögliche muß man als doppelt determiniert verstehen. Einmal ist es in einer einzelnen Handlung als Gegenwärtigsein der Zukunft, das andere Mal hat es eine positivere Bedeutung: als die reale, permanente Zukunft, welche die Gemeinschaft erhält und verwandelt. So wie man das Mögliche positiv definiert, kann man jeden Menschen auch durch das Ensemble von Möglichkeiten definieren, die für ihn unerreichbar sind, d. h. durch eine mehr oder minder verschlossene Zukunft. Positiv und negativ werden gesellschaftliche Möglichkeiten als schematische Determinanten der Zukunft des Einzelnen erfahren. Die individuelle Zukunft ist lediglich die Internalisierung und Bereicherung einer gesellschaftlichen Möglichkeit. Für einen Chinesen ist die Zukunft realer als die Gegenwart. Wenn man nicht die »Zukunftsstrukturen« einer bestimmten Gesellschaft studiert hat, hat man nichts von ihrer Sozialität verstanden.

Welches Beispiel wir auch wählen, immer wird sich zeigen, daß objektives Geschehen stets eine Beziehung zu einer erfahrenen Realität hat. Niemals wird ein Kaufkraftschwund Arbeiter zu Gegenmaßnahmen provozieren, wenn sie dazu nicht ein Bedürfnis am eigenen Leibe verspüren. Der Arbeiter in unserem Beispiel weiß, welche Erfahrung er macht und welche Erfahrungen andere Arbeiter machen werden. Aber »Erfahrung machen« bedeutet schon, das Gegebene auf die Möglichkeit seiner objektiven Transformationen hin zu überschreiten. In erlebter Erfahrung eliminiert sich die Subjektivität als seine Subjektivität und befreit sich durch Vergegenständlichung von der Verzweiflung. Also wahrt die Subjektivität die Objektivität, die sie leugnet, und überschreitet sie auf eine neue Objektivität hin. Das bedeutet: das Erfahrene als solches findet seinen Platz im Ergebnis (der objektivierten Subjektivität), und der geplante Sinn der Handlung erscheint in der Realität der Welt, er wird wahr im Totalisierungsvorgang. Nur der Plan als Vermittlung zwischen zwei Momenten der Objektivität kann von der und für die Geschichte, d. h. für menschliche Produktivität, Zeugnis ablegen.

Sartre versucht, das Problem der dialektischen Zeitlichkeit (*temporalité*) von Geschichte zu formulieren und seine Schwierigkeiten darzulegen. Weil der Marxismus es versäumt, sich durch wirkliche Forschungen zu entwickeln, greift er zu einer starren Dialektik, die die Totalisierung menschlicher Handlungen in einem unendlich oft teilbaren homogenen Kontinuum vornimmt, bei dem es sich um nichts anderes als die Zeit des cartesianischen Rationalismus handelt. Dieser Zeitlichkeitsbegriff ist durchaus am richtigen Platz, wenn man die Kapitalvorgänge überprüft, da es genau diese Art von Zeitlichkeit ist, die von der kapitalistischen Wirtschaft als Sinn von Produktion, Geldumlauf, Kredit usw. gemeint wird. Doch ist diese Beschreibung eine Sache, die dialektische Bestimmung von wirklicher Zeitlichkeit ist eine andere (wirkliche Zeitlichkeit ist jene, die mit der wirklichen Beziehung der Menschen zu ihrer Vergangenheit und zu ihrer Zukunft zu tun hat). Die Dialektik als Bewegung der Realität schmilzt dahin, wenn die Zeit nicht dialektisch ist, mit anderen Worten: wenn man einer bestimmten Handlung die Zukunft verweigert. Der Marxismus begann die wahre Zeitlichkeit zu begreifen, als er die bürgerlichen Vorstellungen vom Fortschritt der Kritik unterzog, die notwendigerweise ein homogenes Medium und feste Koordinaten voraussetzen, damit man einen Ausgangs- und einen Endpunkt festlegen kann. Doch der Marxismus selbst verzichtete, ohne das offen zu sagen, auf diese entscheidenden Untersuchungen und zog es vor, seine eigenen Vorstellungen vom Fortschritt anzubieten.

Wir müssen wählen: Entweder wir führen alles auf Identität zurück (in einem solchen Fall verwandelt sich der dialektische Materialismus in mechanistischen Materialismus) oder wir erheben die Dialektik zum göttlichen Gesetz, das dem Universum auferlegt wird – zu einer metaphysischen Macht, welche den historischen Prozeß aus sich selbst generiert (Hegelscher Idealismus), oder wir akzeptieren den einzelnen Menschen mit seiner Fähigkeit, durch Arbeit und Aktion seine Lage zu verändern. Allein das letztere ermöglicht uns, die Bewegung der Totalisierung auf Realität zu gründen. Wir müssen nach der Dialektik in den Beziehungen des Menschen und der Natur, in den »Ausgangsbedingungen« und in den Beziehungen zwischen den Menschen suchen. Hier nimmt die Dialektik ihren Ursprung als Resultante des Schnittpunkts der Pläne. Betrachtungen wie diese sind in der *Kritik der dialektischen Vernunft* weiterentwickelt; in *Marxismus und Existentialismus* beschränkt sich Sartre darauf, drei Bemerkungen zu machen, die uns helfen sollten, dieses Exposé als Zusammenfassung der Problematik des Existentialismus zu sehen.

1. Das Gegebene, das wir in jedem Moment, den wir erleben, durch die simple Tatsache, daß wir ihn erleben, überschreiten, ist nicht auf die materiellen Bedingungen unserer Existenz beschränkt. *Wir überschreiten auch unsere Kindheit.* In der Kindheit nahmen wir, wenn auch verschwommen, unsere Klasse und, aufgrund der Erfahrung unserer Familiengemeinschaft, unsere soziale Bestimmtheit wahr: Als Kind machen wir einen mehr oder minder blinden Versuch, diese zu überschreiten. Diese Erfahrung, verknüpft mit unserem Bemühen, uns davon loszureißen, prägte sich uns schließlich als *Charakter* ein. Auf dieser Ebene auch erlernen wir die Gebärden eines Bürgerlichen oder eines Sozialisten und die widersprüchlichen Rollen, die uns bedrücken und zerrütten (z. B. Flauberts Rolle des frommen, verträumten Kindes und seine Rolle als Arzt, Sohn eines atheistischen Arztes). Auf dieser Ebene liegen auch die Spuren des frühen Aufbegehrens und versuchter Überwindung einer erstickenden Wirklichkeit und die mancherlei Schrullen und Abweichungen, die daraus resultieren. Aber diese Bedingungen überschreiten heißt auch, sie bewahren. Kurz: Wir denken *mit* diesen frühen Abweichungen, wir agieren mit den erlernten Gebärden, von denen wir uns trennen möchten. Wir planen uns auf unsere Möglichkeiten hin, um dem Widerspruch unserer Existenz zu entgehen; wir enthüllen diese Widersprüche, sie offenbaren sich in unseren Handlungen, selbst wenn die Handlungen reicher sind als sie und uns mit einer sozialen Welt verbinden, in der uns neue Widersprüche zu neuen Verhaltensformen führen. Auf diese Weise überschreiten wir unsere Klasse, und diese Überschreitung deckt uns unsere Klassenrealität auf. Was heutige Marxisten vergessen, ist, daß der entfremdete, gefoppte, vergegenständlichte Mensch gleichwohl ein Mensch bleibt. Wenn Marx von Vergegenständlichung spricht, dann meint er damit nicht, daß wir in Gegenstände verwandelt worden sind, sondern daß die Menschen auf menschliche Weise die Bedingungen materieller Gegenstände durchleben. Wenn wir den in einigen Bereichen der französischen Bourgeoisie verbreiteten Geiz oder die dort verbreitete niedere Gesinnung betrachten, so würden wir, falls wir den Geizhals einfach als Produkt des ökonomischen Malthusianismus sehen, die konkrete Realität verfehlen; denn Knauserigkeit entsteht schon in der Kindheit, wenn das Kind kaum weiß, was Geld ist, weil Geiz auch eine Art ist, seinen Körper und seine Stellung in der Welt zu erleben, und einen Bezug zum Tode hat. Wir müssen solche konkreten Merkmale *auf der Basis* ökonomischer Prozesse studieren, aber ohne zu versäumen, ihre *Spezifität* zu erkennen. Nur so können wir Totalisierung anstreben.

Wir müssen auch daran denken, daß wir unsere Kindheit *als unsere Zukunft* erleben. Unsere Gebärden und Rollen werden uns gelehrt und von uns erlernt unter dem Gesichtswinkel des noch Kommenden. Sie sind untrennbar von dem Plan, der sie verwandelt. Überwunden und dennoch bewahrt, bilden sie das, was Sartre *die innere Färbung des Plans* nennt. Die Motivation ist das Warum des Plans, die Spezifikation des Plans ist das Was. Motivation und Spezifikation bilden eine einzige Realität, und sie ist der Plan. Der Plan hat, da seine Ziele gleichzeitig mit ihm vereint sind und ihn transzendieren, niemals einen Inhalt. Doch die Färbung des Plans ist nichts weiter als das Überschreiten unserer frühen Abweichungen, wobei dieses Überschreiten keine Augenblicksbewegung, sondern eine langwierige Tätigkeit ist. Jeder Moment dieser Arbeit ist zu gleicher Zeit ein Überschreiten und in dem Maße, in dem es sich selbst für sich selbst setzt, das reine und einfache Beharren auf den ursprünglichen Abweichungen auf einer gegebenen Integrationsebene. Aus diesem Grunde entfaltet sich das Leben eines Individuums in Spiralen. Es passiert immer wieder dieselben Punkte, obschon auf unterschiedlichen Ebenen der Integration und der Komplexität. Dafür ein Beispiel: Flaubert fühlte sich als Kind durch seinen älteren Bruder Achill um die Liebe seines Vaters gebracht. Dieser Bruder sah dem Vater sehr ähnlich, und um nun seinem Vater zu gefallen, hätte der junge Flaubert Achill imitieren müssen – was er aus Groll und Verärgerung jedoch ablehnte. Die gleiche Situation wiederholte sich an der Universität, auf der Achill neun Jahre zuvor, um einem Professor der Medizin, der selbst ein brillanter Student gewesen war, zu gefallen, erstklassige Beurteilungen erworben hatte. Auch hier hätte Flaubert die Handlungen seines Bruders wiederholen müssen, was er auf unausgesprochene Weise verweigerte. Er widersetzte sich dem Erfolg und wurde so nur ein befriedigender Student, was in der Familie Flaubert als Schande galt. Das Familienproblem wurde von Flaubert derart schwer genommen, daß es sogar die Beziehungen zu seinen Mitstudenten beherrschte. Wenn er sich durch die Erfolge seiner Kommilitonen gedemütigt fühlte, dann nur, weil sie Achills Überlegenheit bestätigten. Das dritte Moment ist eine Steigerung und Umwandlung der ursprünglichen Situation – hier entschloß sich Flaubert, um sicherzugehen, sich von Achill zu *unterscheiden,* ihm unterlegen zu sein. Er begann seine zukünftige Laufbahn als Beweis seiner Unterlegenheit zu hassen und entwickelte hysterische Krisen. Diese Entwicklung von der frühen Kindheit zu hysterischen Zuständen war nicht einfache Repetition, sondern ein unaufhörliches Überschreiten des Gegebenen, was schließlich zur literarischen Tätigkeit führte.

Wir haben uns hier die ganze Zeit mit der Vergangenheit als dem Überschrittenen *(passé – dépassé)* beschäftigt, doch gleichzeitig mit der Vergangenheit als dem Überschreitenden *(passé – dépassant),* d. h. als *Zukunft.* Unsere Rollen sind stets Zukunftsstrukturen; sie sind auszuführende Aufgaben, zu meidende Fallen usf. Komplexe, Lebensstil und das Enthüllen der Vergangenheit als zu schaffende Zukunft bilden ein und dieselbe Wirklichkeit. Sie ist der Plan als gerichtetes Leben, als Bestätigung des Menschen durch die Handlung; aber sie ist gleichzeitig ein Nebel nicht lokalisierbarer Irrationalität, der zwischen unseren wechselseitig widerspiegelnden Kindheitserinnerungen und den rationalen Wahlhandlungen des Erwachsenen liegt. Sartre schreibt, daß es notwendig ist, die Perspektive anzugeben, wenn er von Irrationalität spricht. Er meint *Irrationalität für uns,* nicht Irrationalität an sich. Er konzediert auch, daß er in bezug auf Flauberts komplexe und reale Probleme unerhört schematisch sei – in der einzigen Absicht, die beständigen Motive und Intentionen aufzuweisen, die in Flauberts mannigfachen Verwandlungen präsent sind.

Die Totalisierung muß die multidimensionale Einheit des Aktes aufdecken – unsere alten Denkgewohnheiten und unsere gegenwärtige Sprache passen nicht so recht, um eine Schilderung dieser Einheit zu geben. Die dialektische Erkenntnis des Menschen seit Hegel und Marx bedarf einer neuen Realität. Aus Mangel daran, eine solche Realität konstruiert zu haben, kann jedes über uns im Westen wie im Osten geschriebene oder gesprochene Wort nur ein Irrtum sein. Sartre geht auf diese radikale Behauptung jedoch lediglich in einer Fußnote ein, in der er sagt, daß selbst Irrtümer ein Quentchen wirklicher Erkenntnis enthalten.

2. Wenn wir uns mit Flaubert befassen wollen, der in literarhistorischen Studien als Vater des Realismus dargestellt wird, dann hören wir, daß er gesagt habe: »Madame Bovary, das bin ich.« Wir stellen fest, daß seine scharfsinnigsten Zeitgenossen, vor allem Baudelaire, diese Identität schon früher geahnt haben. Wir erfahren weiterhin, daß der Vater des Realismus während seiner Orient-Reise davon träumte, die Geschichte einer mystischen Jungfrau in den Niederlanden zu schreiben, die das Symbol seines eigenen Kunstkultes war. Wenn wir uns dann noch seiner Biographie zuwenden, dann entdecken wir seine Abhängigkeit, seinen Gehorsam und sein *être relatif,* ja, alle jene Merkmale, die wir heute gewohnt sind, *feminin* zu nennen. Es hat ferner den Anschein, als hätten ihn seine Ärzte wie eine nervöse alte Frau behandelt und als hätte er sich dadurch geschmeichelt gefühlt. Dennoch war er zweifellos nicht homosexuell. Seine Briefe an Louise Colet weisen ihn als Narziß und Onanisten aus, aber er prahlt auch mit Liebesabenteuern, die wahrscheinlich sogar der Wahrheit entsprachen, weil er sich an die einzige Person wendet, die sowohl Zeuge als auch Richter sein konnte.

Ohne das Werk zu verlassen, müssen wir uns daher mit der Frage befassen, warum der Autor (d. h. die synthetische Aktivität, aus der *Madame Bovary* hervorging) sich in eine Frau verwandelte. Welche Bedeutung hat diese Metamorphose *an sich*? Dies zu klären, setzt eine phänomenologische Untersuchung der Emma Bovary im Buch voraus. Danach müssen wir uns fragen, *wer* Flaubert gewesen sein muß, daß er, im Felde des ihm Möglichen, die Möglichkeit besaß, sich als Frau zu porträtieren. Sartre meint, daß die Antwort auf diese Fragen unabhängig von aller Biographie sei, da man die Frage in Kantischen Termini formulieren könnte: »Unter welchen Bedingungen ist die Feminisierung der Erfahrung möglich?« Bei der Beantwortung dieser Frage dürfen wir niemals vergessen, daß der Stil eines Autors direkt mit einer bestimmten Vorstellung von der Welt verknüpft ist. Die Struktur seiner Sätze, sein Gebrauch von Substantiven und Verben usw., alle Eigentümlichkeiten seines Stils übersetzen verborgene Voraussetzungen, die wir differentiell ohne Rekurs auf die Biographie bestimmen können. Wir gelangen jedoch nur zu Problemen.

Hier helfen uns die Ansichten von Flauberts Zeitgenossen: Baudelaire bestätigte die Identität der tieferen Bedeutung der *Versuchung des heiligen Antonius* einerseits, in der es zu der vollständigen Konfusion der großen metaphysischen Themen des Zeitalters (Schicksal des Menschen, Leben, Tod, Gott, Religion, Nichts usw.) kommt, und der *Madame Bovary* andererseits, einem Werk, das (zumindest dem Anschein nach) trocken und sachlich ist. *Wer* konnte und mußte Flaubert gewesen sein, um seine eigene Wirklichkeit in Form eines unsinnigen *und* eines eher boshaften als gefühllosen Idealismus auszudrücken? Wer konnte und mußte Flaubert gewesen sein, um sich in einige Jahre auseinander liegenden Werken das eine Mal als mystischer Mönche und das andere Mal als entschiedene und leicht maskuline Frau zu objektivieren?

Um unsere Analyse über diesen Punkt hinaus fortzusetzen, müssen wir bei Flauberts Lebensgeschichte Zuflucht suchen, d.h. bei Tatsachen, die von seinen Zeitgenossen zusammengetragen und von Historikern verifiziert worden sind. Flauberts Werk fordert Fragen über sein Leben heraus. Wir jedoch haben zu verstehen, in welchem Sinn sein Werk, als Objektivierung der Person, in Wirklichkeit vollständiger, umfassender als sein Leben ist. Gewiß hat es seine Wurzeln in seinem Leben und veranschaulicht es, aber seine ganze Erklärung findet es nur in sich selbst. Dennoch ist es noch zu früh, daß sich diese Erklärung uns offenbart. Flauberts Leben wird durch sein Werk erhellt *(éclairé),* als eine Wirklichkeit, deren totale Bestimmung außerhalb von ihr gefunden wird, zugleich in den Verhältnissen, die sie hervorrufen, und in der künstlerischen Kreation, die sie verwirklicht. Also wird das Werk, wenn wir es Seite für Seite durchgearbeitet haben, *sowohl zur Hypothese als auch zur Forschungsmethode* bei dem Versuch, Flauberts Lebensgeschichte zu erhellen: es stellt Fragen zu konkreten Episoden der Biographie und nimmt sie zugleich als Antworten auf ihre Fragen in Anspruch. Doch diese Antworten genügen nicht. Sie sind in dem Maße unzureichend, in dem Objektivierung in der Kunst nicht auf Objektivierung im Alltagsverhalten reduzierbar ist. Es besteht eine Kluft zwischen Werk und Existenz. Die Werke Flauberts enthüllen uns seinen Narzißmus, seinen Onanismus, seinen Idealismus, seine Passivität usf.; aber diese Merkmale stellen für uns wiederum Probleme dar. Derlei regressive Fragen liefern uns die Mittel, seine Familiengemeinschaft als eine vom Kinde erlebte und gemeisterte Realität zu untersuchen, und zwar mit Hilfe einer doppelten Informationsquelle: einerseits objektiver Zeugnisse über die Familie, ihre Klassenmerkmale und ihre Besonderheiten und andererseits deutlich subjektiver Urteile von Flaubert über sie. In diesem Sinne müssen wir uns immer wieder den Werken des Autors zuwenden, indem wir uns vergegenwärtigen, daß sie biographische Wahrheiten enthalten, die wir in seiner von verzerrten Darstellungen erfüllten Korrespondenz nicht antreffen. Wir müssen uns freilich auch bewußt sein, daß die Werke niemals die Rätsel der Biographie lösen; sie können uns nur als Schema dienen, das uns die Aufdeckung dieser Geheimnisse im Leben selbst erlaubt.

Derlei regressive Fakten zeigen die Spuren einer dialektischen Bewegung, nicht die Bewegung selbst. Nur an diesem Punkte jedoch können wir die progressive Methode anwenden. Was wir entdecken müssen, ist die vervollständigende Bewegung der Totalisierung, die jeden Moment aus dem vorherigen Moment bezieht, die Bewegung, die von den vom Kinde erlebten frühen Dunkelheiten zu seiner schließlichen Objektivierung in der Welt führt. Dies ist in der Tat der Plan, mit dessen Hilfe Flaubert sich, um dem Kleinbürgertum zu entkommen, seinen Weg durch die verschiedenen Felder des ihm Möglichen auf die entfremdete Objektivierung seiner selbst als Autor von *Madame Bovary* und als jener Kleinbürger, den er sich weigerte zu sein, bahnte. Dieser Plan ist nicht einfach Negativität, Flucht. Durch den Plan »erzeugt« das Subjekt sich selbst in der Welt als eine objektive Totalität. Flauberts Wahl war nicht die einfache abstrakte Wahl, zu schreiben, sondern in einer bestimmten Art zu schreiben, nämlich, um sich in der Welt auf eine bestimmte Weise darzustellen. Sein Plan ist die einzigartige Bedeutung, die er der Literatur als Negation seiner ursprünglichen Lage und als objektive Lösung seiner Widersprüche gab. Wir haben eine Reihe wichtiger Spuren von den materiellen und sozialen Bedingungsverhältnissen bis zum Werk, und wir müssen die Spannung zwischen der einen und der anderen Objektivierung aufdecken. Wir müssen eine Bewegung erfinden oder wiedererschaffen, aber unsere Hypothese ist sofort verifizierbar – um gültig zu sein, muß sie in einer schöpferischen Bewegung die transversale Einheit *aller* heterogenen Strukturen realisieren.

Sartre definiert die existentialistische Methode als eine regressiv-progressive und analytisch-synthetische. Es besteht eine vervollständigende reziproke Bewegung zwischen dem Objekt (das die gesamte Epoche als hierarchisierte Signifikationen enthält) und der Epoche (die das Objekt innerhalb seiner Totalisierung enthält). Wenn das Objekt nun in seiner Tiefe und Einzigartigkeit wiederentdeckt wird, statt außerhalb der Totalisierung zu verbleiben, dann gerät es augenblicklich in Widerspruch zu ihr. Die einfache und immanente Nebeneinanderstellung von Objekt und Epoche wird durch einen lebendigen Konflikt ersetzt.

3. Ein Mensch bestimmt sich durch seinen Plan. Die wahre Struktur eines Lebens ist das unaufhörliche Produzieren seiner selbst durch Arbeit und Praxis. Das ist es, was wir Existenz nennen, und mit diesem Begriff meinen wir eben nicht eine unveränderliche Substanz, die in sich selbst ruht, sondern ein dauerndes Disequilibrium. Da dieser Impuls zur Objektivierung je nach Individuum verschiedene Formen annimmt, und da er uns durch ein Feld der Möglichkeiten zwingt, von denen wir einige durch Ausschluß anderer verwirklichen, nennen wir ihn auch Wahl oder Freiheit. Es wäre jedoch ein Fehler, dies als Einführung des Irrationalen oder Einführung einer fetischi-

sierten, von der Welt losgelösten Freiheit zu sehen. Ein solcher
Vorwurf könnte nur vom Standpunkt einer mechanistischen
Philosophie aus gemacht werden, die die Praxis, die Erzeugung
und die Erfindung auf die elementaren Gegebenheiten des Lebens reduziert, d. h. einer Philosophie, welche die Werke oder
Haltungen einer Person allein durch die sie *bedingenden* Faktoren *erklärt.* Ein solcher Ansatz ist ein verstohlener Versuch,
das Komplexe auf das Einfache zu reduzieren, die Spezifität
von Dingen zu leugnen und Veränderung auf Identität zurück-
zuführen. Die dialektische Methode will etwas völlig anderes.
Was wir untersuchen und befragen, ist die Wahl, die einem Leben seine Einmaligkeit gibt. Durch die Wahl, zu schreiben, of-
fenbarte uns Flaubert die Bedeutung seiner Kindheitsangst vor
dem Tode – und nicht umgekehrt. Die Nichtzurückführbarkeit
der kulturellen Ordnung auf die natürliche Ordnung hat den
von Sartre entwickelten Begriff der Freiheit zur Folge.
Um den Sinn eines menschlichen Verhaltens zu begreifen, müssen wir auf das zurückgreifen, was deutsche Psychiater und
Historiker mit »Verstehen« bezeichnet haben. Damit ist keine
spezielle Gabe oder Fähigkeit gemeint. Dieser Typ von Erkenntnis ist einfach die dialektische Bewegung, die die Handlung in ihrer Endbedeutung, von der Ausgangsbedingung ausgehend, erklärt. Sartre führt das folgende Beispiel für Verstehen an: Ich arbeite mit einem Freund in einem Zimmer, in dem
es heiß und schwül geworden ist. Auf der Grundlage der materiellen Bedingungen in dem Zimmer verstehe ich die Handlungen meines Freundes, der aufsteht und zum Fenster geht.
Seine Handlungen sind den materiellen Bedingungen nicht implizit; sie werden durch diese Bedingungen auch nicht ausgelöst
oder provoziert. Wir haben es hier mit einem synthetischen
Verhalten zu tun. Mein Freund paßt seine Bewegungen den
besonderen Umständen an, so wie die Stellung von Möbeln im
Zimmer. Um die Aufeinanderfolge von Gesten auf die Einheit,
die sie bewirken, zu überschreiten, ist es für mich notwendig,
die schwüle Luft im Zimmer als das Überschreiten der Aus-
gangssituation zu erfahren. In dem Zimmer sind die Tür und
die Fenster nicht völlig passive Realitäten. Menschliche Arbeit
hat ihnen spezielle instrumentelle Bedeutungen verliehen, und
diese Bedeutungen verstehe ich. Das Verhalten meines Freundes enthüllt das praktische Feld als »hodologischen Raum«,

und umgekehrt werden die den materiellen Dingen impliziten Hinweise zum kristallisierten Sinn, der mir sein Unternehmen zu verstehen erlaubt. Das Verhalten meines Freundes vereint das Innere des Zimmers, und das Zimmer bestimmt sein Verhalten. Die Bewegung des Verstehens ist gleichzeitig progressiv (auf das objektive Ergebnis gerichtet) und regressiv (zu der ursprünglichen Bedingung zurückkehrend). Verstehen ist nichts anderes als mein reales Leben, mit anderen Worten: die totalisierende Bewegung, die mich, den anderen und das mich Umgebende in der synthetischen Einheit einer sich vollziehenden Objektivierung zusammenfaßt. Bedeutungen in der Umgebung oder im anderen offenbaren sich uns niemals, es sei denn, daß wir selbst den Dingen Bedeutungen geben. Unser Verstehen des anderen ist niemals kontemplativ – es ist ein Moment unserer Praxis. Ob nun durch Konflikt oder durch seine Unterdrückung – es ist die konkrete menschliche Beziehung, die uns mit dem anderen verbindet.

Jede einfache Betrachtung des sozialen Feldes sollte uns bewußtmachen, daß die Beziehung zu Zielen eine universelle Struktur menschlichen Unternehmens ist und daß die Menschen Handlungen und Institutionen auf der Basis dieser Beziehung verstehen. Den anderen zu verstehen wird nur durch die Wahrnehmung der Ziele seiner Handlungen und Pläne erreicht. So kann man von weitem einen Menschen arbeiten sehen und meinen, daß man nicht versteht, was er tut – bis man das Ziel erkennt, das er mit seiner Arbeit anstrebt, so daß all seine verschiedenen Bewegungen im Lichte des Ziels sich vereinen. Ziele sind keine Handlungsanhängsel; sie stellen die Überschreitung des Gegebenen in einer Handlung dar, die von der Gegenwart zur Zukunft führt.

D. G. Cooper
Sartre über Genet

Jean Genet – Bastard, Vagabund, Päderast, Dieb, Ausgesto-
ßener, Dramatiker, Poet – ist Gegenstand der umfangreich-
sten Anwendung der in *Questions de méthode* entwickelten
Gedanken auf eine Lebensgeschichte. In seinem Buch *Saint Genet. Comédien et martyr* versucht Sartre, darzustellen, daß die
Wirklichkeit eines menschlichen Lebens nur unter Berücksich-
tigung der Dialektik der unter den gegebenen materiellen Verhältnissen wirksam werdenden Freiheit begriffen werden kann.
Sartre zeigt eine spezielle, im Kampf mit dem Schicksal lie-
gende Freiheit auf. Falls Genet ein Genie ist, dann ein in besonderen Augenblicken der Verzweiflung von Genet allein er-
fundenes. Sartre versucht, die Wahl wieder aufzuspüren, die
Genet für sich, sein Leben, den Sinn des Daseins traf: die Wahl,
Schriftsteller zu werden; und er möchte zeigen, wie die Besonderheit dieser Wahl sogar Genets Art zu schreiben, die Struktur seiner Bilder und die Eigentümlichkeit seines künstlerischen
Geschmacks beeinflußt. Kurz, Sartre will in exaktem Detail
»die Geschichte einer Befreiung« nachverfolgen.
Sartre schrieb die Biographie aus intimer Kenntnis, einer per-
sönlichen Beziehung zu Genet. Sartre scheint von Genet fasziniert worden zu sein, und der Leser findet diese Faszination
selbst in Passagen mit schwierigster Dialektik ansteckend. Er
durchforscht die komplexen Gefühle dieser Faszination, die
Genet in ihm auslöste, und gebraucht sie, um seinen Gegenstand zu begreifen.
In Umrissen besteht Genets Lebensgeschichte darin, daß er im
Jahre 1910 in Paris geboren und von seiner Mutter der *Assistance publique* überlassen wurde. Er war ein außereheliches
Kind, das seine Eltern niemals kennenlernte. Von einer Bauern-
familie in den Morvan-Bergen adoptiert, wurde er im Alter
von zehn Jahren, nachdem er verschiedentlich beim Bestehlen
seiner Adoptiveltern erwischt worden war, in die Besserungsanstalt von Mettray geschickt. In dieser Institution verbrachte
er einige Jahre, floh dann, trat in die Fremdenlegion ein, aus
der er bald wieder desertierte. Als Vagabund und Dieb schlug
er sich durch Europa und brachte einige Zeit in den Gefängnis-
sen verschiedener Länder zu. 1942 im Gefängnis schrieb er sein
erstes Buch, *Notre Dame des Fleurs,* dem im Verlauf von fünf
Jahren Romane, Theaterstücke und Gedichte folgten. Im Jahre
1948, nach zehn Verurteilungen wegen Diebstahls in Frank-

reich, entging er lebenslänglicher Haft nur dadurch, daß er vom
Präsidenten der Republik, nachdem eine Reihe bedeutender
Schriftsteller und Künstler, z. B. Cocteau, Picasso und Sartre,
eine Bittschrift eingereicht hatten, begnadigt wurde.

In zehn Jahren des Schreibens hatte Genet, so meint Sartre, so
etwas wie das Äquivalent einer psychoanalytischen Behand-
lung hinter sich. Jedes seiner Bücher zeugt von einer kathartischen Krise, jedes ist Psychodrama, jedes reproduziert – so wie
seine neuen Liebesaffären seine alten Lieben reproduzieren –
das Thema der vorangegangenen; jedes läßt ihn ein wenig
mehr Herr des Dämons sein, der von ihm Besitz ergriffen hat.

Wenden wir uns Sartres Schilderung der Kindheit Genets zu.
Während der ersten fünf Jahre auf dem Lande, in den Mor-
van-Bergen, lebte Genet »in einer süßen Konfusion mit der
Welt«. Er war ein freundliches und ehrerbietiges Kind, kleiner
und zierlicher, aber intelligenter als seine Spielgefährten. Der
Pfarrer glaubte Frömmigkeit in ihm zu entdecken, doch war
Genet längst das Opfer einer erbarmungslosen Mystifikation.

Dieser Mythos der Kindheitsunschuld, der Zustand ursprüng-
licher Anmut, in den er getaucht war, hatte einen falschen
Klang und war nicht von Dauer: Genet war ein trügerisches
Kind. Ohne eine wirkliche eigene Mutter, ohne richtiges Erbe
gehörte er niemandem, und niemand und nichts gehörte ihm.
Durch seine bloße Existenz störte er die gesellschaftliche Ordnung. Zwischen Genet und die Menschheit war eine Institution
mit ihrem Namensregister und ihrer Bürokratie geschaltet. Gewiß, eine Frau hatte ihn zur Welt gebracht, aber diese physische Herkunft war nicht im kollektiven Gedächtnis haften geblieben. Er war aus unbekanntem Schoß in die Welt gekommen, fast so, wie ein von einer modernen Fabrik produzierter
Artikel keine Spur mehr von dem erkennen läßt, der ihn
hergestellt hat. Ursprünglich Besitz eines Verwaltungsappara-
tes, hatte er später eine deutliche Affinität zu Anstalten: der
Besserungsanstalt, den Gefängnisanstalten.

Schon seit frühester Zeit war die unbekannte Mutter eine der
Hauptfiguren in Genets Mythologie. In gewissem Sinne war
seine Mutter die Besserungsanstalt von Mettray. Die Kolonie
dort schien ihm all das zu haben, »was nur Frauen eigen ist:
Zärtlichkeit, Geruch, ein bißchen widerlich aus halbgeöffnetem
Mund, große Brüste, die der Atem hebt, kurz, all das, was eine

Mutter zu einer Mutter macht«.[1] Die Keime von Genets späteren Erfahrungen mit dem Zurückgestoßenwerden von der Gesellschaft finden sich schon in seinem Gefühl der Ablehnung durch die eigene Mutter und durch die Adoptivfamilie. Wenn er versucht, seine wahre Herkunft jenseits der Bürokratie, deren Resultat er zu sein scheint, herauszufinden, so stellt er fest, daß seine Geburt mit einer Geste der Verweigerung zusammenfällt. In seinen Kindheitsphantasien riß die Frau ihn von sich, ein lebendiges, blutendes Stück von sich selbst, und schleuderte es fort und aus dieser Welt. Er war für alle Zeiten verflucht. Von jenem Zeitpunkt ab war er der Ungeliebte, der Ungelegene, der Überflüssige. Er fühlte sich unerwünscht, nicht der Sohn dieser Frau, sondern ihr Exkrement. Für Genet war ein Fluch mit seiner Geburt verknüpft, einer Geburt, die tatsächlich (wie alle »unehelichen« Geburten) die Ordnung der Welt zerbrach oder, wie Sartre sagt, indem er sich von der empirisch-psychologischen Ebene auf die ontologische begibt, dem »Sein eine Fissur« zufügte.

Genet wußte, daß er nicht völlig seinen Adoptiveltern gehörte und von der Administration zurückgefordert werden konnte. Deshalb konnte ihm nichts gehören, materieller Besitz war ihm untersagt; sein ganzes Leben mußte also das fortgesetzte Bemühen sein, Gegenstände zu dematerialisieren und ihre metaphysischen Doppelgänger zu erfinden; denn nur sie durfte er besitzen. Das Kind Genet bevorzugte zwei Spiele, denen er sich im verborgenen hingab: das, ein Heiliger zu sein (um seine Unzulänglichkeit, *zu sein*, zu kompensieren), und das, ein Dieb zu sein (um seine Unfähigkeit, *zu haben*, zu kompensieren). Er war stets allein, er machte nie die Erfahrung, eine allwissende, allesvermögende Mutter zu haben, die ihr Kind in- und auswendig kennt, ja, so gut kennt, daß sie seine »innere Stimme« zu hören vermag. Es gab keine Familienzeremonie, die der Vereinigung seiner Identität für sich selbst mit seiner Identität für andere die Weihe erteilte. Allein, ohne auch nur einen imaginären Zeugen seiner Geheimnisse zu haben, lebte Genet in einem Zustand des Konkubinats mit sich selbst; er machte sich zum Gegenstand eines Kults und nahm zu archaischen Doppelgänger-Mythen Zuflucht. Er erkor Gott zum Zeu-

---

[1] Zitiert nach *Saint Genet*, S. 15.

gen seiner Empfindungen, Ängste, Hoffnungen; Gott über-
nahm die Rolle der nicht vorhandenen Mutter. Aus dem
Wunsch, ein Sohn zu sein, wurde er ein Heiliger.

Genets zweites Spiel bestand darin, seine Adoptiveltern und
seine Nachbarn zu bestehlen, um die imaginäre Erfahrung von
Besitzergreifung zu machen. Ein Besitzer ist jemand, der Besitz hat und seinen Besitz gebraucht, ohne Dankeschön sagen
zu müssen. Deshalb entwendete Genet insgeheim die Besitz-
tümer anderer und gebrauchte sie in Einsamkeit. Ohne ein
Erbe, ohne Geburtsrechte waren seine ersten Diebstähle tasten-
de Versuche, eine Beziehung zwischen Besitz und Sachen her-
zustellen – eine Beziehung, die ihm sonst verboten war, weil
alles, was er von der *Assistance publique* oder von seinen
Adoptiveltern erhielt, Geschenke waren, für die er zu Dank
verpflichtet war.

Genet nahm zu dieser doppelt kompensatorischen Handlungs-
weise Zuflucht, weil er das Wertsystem, das ihm seinen Platz
in der Welt verweigerte, nicht zu zerstören vermochte. Seine
Diebstähle und seine Träume vom Heiligsein wendeten sich
zwar nicht gegen die bäuerliche Moral, waren in Wirklichkeit
aber ihre Folgen. Genet war in einer Moral erzogen worden,
die den Besitz rechtfertigte und heiligsprach, und eben diese
Moral war es, die ihn verdammte. Für ein Kind, das den Versuch unternimmt, durch Handlungen im verborgenen »zu haben« oder »zu sein«, ist solche heimliche Aktivität erst dann
wirklich existent, wenn sie auch von Erwachsenen wahrgenommen wird. Um zu haben und um zu sein, mußte Genet
gesehen und deshalb verdammt werden.

Dies also ist das Bild, das Sartre von Genet als Knaben vor
dessen »Krise« zeichnet. Gott ersetzt die nicht vorhandene
Mutter, Diebstahl ersetzt Eigentum. Sein Zustand »süßer
Konfusion mit der Natur« wurde für Augenblicke durch einen
Diebstahl oder durch eine Ekstase unterbrochen, und dies ge-
nügte, sein inneres Gleichgewicht zu wahren. Doch während
er in Unschuld stahl und vom Heiligsein träumte, blieb Genet
unbewußt, daß er an seinem eigenen Schicksal schmiedete. Sartres Schilderung dessen, was er Genets »ursprüngliche Krise«
nennt, gewinnt in der Analyse zentrale Bedeutung. Für Sartre
spielt es keine große Rolle, ob das Erfahrene der ursprünglichen Krise, die er beschreibt, real oder eingebildet gewesen

ist. Genet nimmt mehrfach auf Erfahrungen dieser Art – real oder eingebildet oder beides – Bezug, so wenn er schreibt, das »melodiöse Kind« sei in ihm, Genet, durch »ein schwindelnmachendes Wort« getötet worden. Dieser Mord kann als einziger verbaler Hieb stattgefunden haben oder als wiederholte »Traumata«. Bei dem Erlebnis, das Sartre beschreibt, handelt es sich um folgendes: Eines Tages spielt der zehnjährige Genet in der Küche. Ganz plötzlich, in einem Anfall von Qual, nimmt er seine Einsamkeit wahr und sinkt in einen Zustand der Ekstase. Seine Hand greift in eine offene Schublade. Er bemerkt, daß jemand das Zimmer betreten hat und ihn beobachtet. Unter den Blicken dieser anderen Person kommt Genet zum ersten Male zu sich selbst. Bis zu diesem Augenblick hat es ihm an einer Identität gefehlt. Hier nun kommt die Bestätigung. Mit einem Schlag wird er Jean Genet. Er fühlt sich blind und taub gemacht. »Wer ist Jean Genet?« – bald würde das ganze Dorf die Antwort auf diese Frage wissen. Nur das Kind selbst bleibt unwissend. Und dann verkündet eine Stimme seine Identität: »Du bist ein Dieb.«

Seine Handlung, für Genet nichts mehr als das unreflektierte Funktionieren seiner Subjektivität, wurde plötzlich ins Objektive transformiert; er erlebte sich als Objekt für den anderen. »Der Dieb« war ein monströses Prinzip, das von ihm nicht wahrgenommen worden war und das sich nun als seine Wahrheit, seine unveränderbare Natur herauskehrte. Wäre er sechzehn oder siebzehn Jahre alt gewesen, so hätte er sich vielleicht gegen das Urteil gewehrt und die Werte der Älteren angefochten; aber er war ein Kind, ein ruhiges und ehrerbietiges Kind, religiös erzogen, mit einem tiefwurzelnden Hang zu Güte und Frömmigkeit. Die »anständigen Leute« drangen in seine Seele vor und hinterließen einen Rest von »Anderssein«, einen Teil von Genet selbst, der anders als er war. So oft er vor der Verdammung durch die anderen Zuflucht suchte, indem er sich in sich selbst zurückzog, begegnete er in sich noch schlimmerer Verdammung. Er wurde sein eigener Gefängnisaufseher. Selbst das scheinbar unschuldigste Verlangen, dem er sich hingab, war das Verlangen eines Diebes und deshalb mit Schuld beladen. Durch das Erlebnis des Angeklagtwerdens trat Genet aus dem Zustand der »süßen Konfusion mit der Natur« heraus und entdeckte, daß er, ohne es zu wissen, ein Jemand geworden war, und daß dieser Jemand ein Ungeheuer war, ja daß, was auch immer dieser Jemand aus seinem Leben machen würde, eines ihm fortan verboten war: sich selbst anzuerkennen.

Sartre beschreibt, wie die »Menschen des Guten« diese Metamorphose des Kindes aus utilitaristischen Gründen bewirkten, aus ihrem Bedürfnis, einen Sündenbock zu haben. Der »Mensch des Guten« verleugnet ständig das negative Moment seiner Handlungen. Er behauptet, ohne das Gegenteil von dem zu verleugnen, was er behauptet. Seine erlaubten Handlungen sind aufrechtzuerhalten, zu bewahren, wiederherzustellen, zu erneuern. Es sind dies die Kategorien der Wiederholung gegenüber denen der Veränderung. Doch der Geist ist, wie Hegel sagt, ruhelos, und diese Unrast erfüllt den guten Menschen mit Grauen. Deshalb trennt er von seiner Freiheit das Negative und projiziert es nach außen, wodurch er die abstrakte Negation seiner selbst wird, die Negation seiner eigenen Negation. Der Böse ist eine Erfindung des Guten, die Inkarnation seines Andersseins als das, was er ist, sein eigenes negatives Moment. Alles Böse ist für Sartre eine Projektion.[2] Die »Anständigen« sind imstande, in Genet den Teil von sich zu hassen, den sie verleugnet und den sie auf ihn projiziert haben. Als Beispiel beschreibt Sartre ein in Böhmen einst blühendes Gewerbe, bei dem ebensolche anständigen Leute kleinen Kindern die Lippen spalteten, ihre Schädel zusammenpreßten und sie Tag und Nacht in Kisten gefangen hielten, um ihr Wachstum aufzuhalten; sie schufen dadurch kleine Monstren, die man auf profitable Weise zur Schau stellen konnte. Auf ähnliche Art, jedoch mit subtileren Mitteln, verwandelten die Menschen aus Gründen gesellschaftlicher Zweckmäßigkeit Genet in ein Monstrum. Als Kind stand Genet nichts zur Verfügung, mit dem er sich gegen die von den Erwachsenen an ihm praktizierten Methoden hätte verteidigen können. Er bestätigte die Priorität des Objekts, das er in ihren Augen war, gegenüber dem Subjekt, das er für sich selbst war. Sartre spürte der Selbstentfremdung Genets nach, dem Prozeß, durch den er aufgrund der zunehmenden Verinnerlichung des Schuldspruchs, den die Erwachsenen über ihn fällten, sich selbst ein Fremder wurde.

2 *Saint Genet*, S. 33 ff.

Er untersucht die Möglichkeiten, wie sie sich Genet nach seiner Verdammung dargestellt zu haben scheinen. Zunächst: Was wäre gewesen, wenn er die »Anständigen« gefragt hätte, wie er sie für seine Schlechtigkeit entschädigen könnte? Die Antwort hätte wohl gelautet: »Sei verworfen«, was keine Lösung für Genet gewesen wäre, weil er ja bereits in Verworfenheit gefallen war und dieser Lebensform entfliehen wollte. Also wäre das nur eine scheinbare Alternative gewesen; dieser »Ausweg« aus der unerträglichen Lage, den die »Anständigen« ihm anboten, konnte nur bedeuten, tiefer in ihre Falle zu gehen, d. h. sich noch mehr als das zu akzeptieren, was die anderen aus ihm gemacht hatten. – Ein anderer Ausweg hätte vielleicht darin bestehen können, verrückt zu werden, aber Genet war zu unmittelbar, zu reell, zu sehr voller Eigenwillen, als daß er ins Imaginäre hätte ausweichen können. Hier jedoch scheint sich Sartre insofern einer *petitio principii* schuldig zu machen, als Genet, *trop volontaire,* voller Fähigkeiten zu wählen also, kaum jene Art von Verzicht auf Wahl, wie sie eine Psychose darstellt, hätte wählen können. Es ist schade, daß Sartre seinen Standpunkt an dieser Stelle seiner Argumentation nicht weiter erläutert.

Den Weg des Selbstmordes versperrt Genets »Optimismus«, womit Sartre den »Kurs der Freiheit« (*l'orientation même de sa liberté*[3]) Genets meint. Sartre vergleicht Genet mit Personen in bestimmten extremen Situationen, die, wenn ein bestimmtes Maß von Grauen überschritten ist, lediglich die Absurdität der Welt erkennen und ihr Anrecht auf Leben preisgeben. Genet klammerte sich in dem blinden Glauben, daß er »das andere Ufer erreichen«, daß es für seine extreme Situation einen »Ausweg« geben wird, verzweifelt an sein Leben. Da er nicht den Selbstmord wählte, wurde es natürlich *notwendig,* daß seine ursprüngliche Situation, allem Augenschein zum Trotz, einen Ausweg haben mußte. Dieser Ausweg war die Dichtung.

Es ist hier nicht möglich, in allen Einzelheiten zu klären, wie Genets Plan entstand, Dichter zu werden; Sartre jedenfalls meint den Keim der Entwicklung zum Dichter in der frühen Phase der »Urkrise« zu entdecken. Bewundernd spricht er von

3 *Saint Genet,* S. 50.

dem Kind, das in einem Alter, in dem die meisten von uns sich
untertänig bemühen, den Eltern zu gefallen, sich entschlossen
einen Willen gab: »*Une volonté sie forouche de suivivre, un
courage si pur, une confiance au sein du désespoir porteront
leur fruit: de cette resolution absurde naîtra vingt ans plus
tard le poète Jean Genet.*«[4] Später schreibt Genet über seinen
frühen extremen Entschluß: »*J'ai décidé d'être ce que le crime
a fait de moi*«: Ich habe mich entschlossen, das zu sein, was
das Verbrechen aus mir gemacht hat. Da er seinem Schicksal
nicht entkommen konnte, wurde er sein eigenes Schicksal. Da
sein Leben durch die anderen in etwas nicht mehr Lebenswertes
verwandelt worden war, lebte er nun diese Unmöglichkeit des Lebens, als ob er sein Schicksal ausschließlich für sich
geschaffen hätte. Dies ist das Schicksal, das er wollte – er würde sogar versuchen, es zu lieben.

Sartre hat Mühe zu explizieren, daß Genets »Urkrise« nur begriffen werden kann, wenn man sie vor dem Hintergrund der
französischen Dorfgemeinschaft sieht, mit ihren engherzigen
und starren Verboten, ihrem starken Zusammenhalt und dem
absoluten Wert, den man dort dem privaten Eigentum beimaß.
Nur vor dieser Folie lassen sich das schockierte Reagieren und
die repressiven Sanktionen gegen einen zehn Jahre alten Dieb
überhaupt verstehen. Wäre Genet in einer Industriegegend
aufgewachsen, so hätte er davon gehört gehabt, daß das Recht
auf privaten Besitz umstritten ist, und er hätte entdeckt, daß
man auch *ist*, was man *macht* und *tut*. Sartre gibt eine detaillierte Analyse der dialektischen Interaktion zwischen Stadt
und Land und zwischen der »Gesellschaft der Produzenten«
und der »Gesellschaft der Konsumenten« – eine Analyse, die
sich freilich nicht von der Erklärung der konkreten Beziehungen Genets zu anderen, seiner Sexualität und seiner Kreativität
trennen läßt. Da unsere Untersuchung ihren Brennpunkt jedoch hauptsächlich in den letzteren Bereichen hat, sollte man
zur genauen Explikation des ersteren das Sartresche Original-
werk konsultieren.

Nach der objektiven Schilderung von Genets frühem Entschluß,
das zu sein, was sein Verbrechen aus ihm gemacht hat, analy-
siert Sartre die Entscheidung, wie sie *für Genet* war, als sub-

4 *Saint Genet*, S. 55.

jektives Moment des Bewußtseins in seiner intentionalen Struktur. Wir sehen uns hier, sagte Sartre, mit einem unüberwindbaren Widerspruch konfrontiert. Was denn kann ich zu sein mich entscheiden, wenn ich bereits bin, was ich bin: wenn ich »in meinem Sein eingesperrt« bin? Das Wort »Sein« wird für Genet zu einem aktiven positiven Wert. Vor Genets Entschluß, zu sein, was sein Verbrechen aus ihm gemacht hatte, nämlich ein Dieb zu sein, war sein Sein für ihn nie in Frage gestellt gewesen, weil er reines Subjekt und reines Objekt gewesen war. Dieses Sein, von dem er selbst glaubte, daß er es von den Erwachsenen erhalten hatte, war das Sein einer Person in einer der Bedeutungen des lateinischen Wortes *persona:* eine Maske oder eine Rolle mit vorgezeichneten Verhaltensmustern. Es war ein Sein an sich und für andere, kein Sein für sich. Durch seinen Entschluß, das zu sein, was die anderen ihn zu sein gemacht hatten, bewirkte Genet die kraftvolle Verbindung von reinem Wollen (*pour-soi*, Subjektivität), das ihn *après coup* durch die Totalität seiner Handlungen festlegte, mit einer Substanz (*en-soi*, Objektivität), die seinen Handlungen zugrunde lag und die diese Handlungen durch eine Art von innerer Notwendigkeit zu produzieren schien. Vor die Wahl gestellt zwischen Existieren als reiner Subjektivität oder Existieren als reiner Objektivität – ein offensichtlich unlösbarer Gegensatz –, rettete sich Genet vor Wahnsinn und Selbstmord durch eine heroische Täuschungshandlung. Aber noch immer mußte er einen Platz in der Welt finden, ein Schongebiet, wo der andere sich nicht vor ihm niedergelassen hatte.

Sartre gibt eine, wie er es selbst nennt, statische Beschreibung der miteinander nicht zu vereinbarenden Wertsysteme, die Genet simultan zur Vorstellung der Welt verwendet. Sartre zufolge machen die Spezialbedeutungen, die Genet jeder dieser Kategorien verleiht, sie zu unvereinbarenden Paaren.

I. Kategorien des Seins	*II. Kategorien des Tuns*
Objekt	Subjekt, Bewußtsein
Selbst als anderer	Selbst als sich selbst
Das Wesentliche, das sich als unwesentlich herausstellt	Das Unwesentliche, das sich als wesentlich herausstellt
Schicksal	Freiheit, Wille

Tragödie	Komödie
Tod	Leben, der Wille zu leben
Held	Heiliger
Verbrecher	Verräter
Geliebter	Liebender
Männliches Prinzip	Weibliches Prinzip

Wie wir noch sehen werden, hat Genet die genannten Kategorien von Sein und Tun miteinander unvereinbar gemacht und
dann durch einen weiteren Kunstgriff auf sie eine falsche Einheit übertragen. Diese doppelte Entscheidung Genets ist höchst
dynamisch. Sie verwandelt sich im Kontakt mit der Erfahrung; sie lebt, sie reichert sich an über die Jahre. Sartres Methode besteht darin, mit Teilanalysen der beiden Kategorien
fortzufahren und später, durch eine Untersuchung ihrer re-
ziproken Interaktion, die konkrete Realität der privaten Synthese Genets zu rekonstituieren. In genau dieser Weise verwendet Sartre die analytisch-synthetische Methode in bezug auf
Genets Sexualität.5 Genet, schreibt Sartre, ist ein *vergewaltig-
tes Kind*, wobei die erste Vergewaltigung der Blick des anderen in der ursprünglichen Krise des jungen Genet war. Dieser
Blick überrumpelte, *durchbohrte* ihn und verwandelte ihn für
immer in ein Objekt. Sartre betont, daß er nicht sage, Genets
ursprüngliche Krise sei *wie* Vergewaltigung gewesen; sie *war*
Vergewaltigung.
Die Ereignisse, die wir erleben, treten gleichzeitig auf allen
Ebenen unseres Lebens auf und drücken sich auf jeder Ebene in
einer anderen Sprache aus. Auf der Ebene der moralischen Bewußtheit kann eine physische Verletzung zur Verdammung
werden; umgekehrt kann eine Verdammung auf der Ebene der
körperlichen Bewußtheit als Verletzung erfahren werden. In
beiden Fällen wird die Person objektiviert, und falls sie diese
Objektivierung in ihrer Psyche als Scham erfährt, erfährt sie
sie in ihrem Körper als einen sexuellen Akt, dem sie sich unterworfen hat.
Genets Rücken ist in seinem sexuellen Kult zum Mittelpunkt
geworden. Als das Kind stahl, wurde es *von hinten* überrascht.
In allen danach stattfindenden Handlungen des Stehlens hebt

5 Die meisten Gedanken Sartres zu Genets Sexualität finden wir im Kapi-
tel *Le couple éternel du criminel et de la sainte.*

sein Rücken sich in seiner körperlichen Bewußtheit ab. Mit seinem Rücken erwartet er den niederschmetternden Blick des anderen; er erlebt sich durch Gesäß und Rücken objektiviert.

Seinen Penis erfährt er nicht als Dolch oder Degen, sondern als lebloses *Etwas*, das nur hart wird, damit es besser zu umgreifen und einfacher zu handhaben ist. Es ist typisch für die homosexuelle Erfahrung des Penis, schreibt Sartre, daß Proust den Penis nicht wie die Dorfburschen Degen oder Sense nannte, sondern Enterhaken. Während ein Mann die Erektion als aggressive Versteifung eines Muskels erlebt, ist es für Genet »das Erblühen einer Blume«. Der eine erlebt in seinem Penis seine Transzendenz, der andere seine Passivität. Natürlich ist das Erigieren des Penis ein Vorgang (aktiv); genauso richtig ist aber auch, daß diese Versteifung etwas ist, dessen sich etwas unterzieht (passiv). Der einfache Tatbestand hat zwei Seiten.

Der Vorrang des Objekts vor dem Subjekt im Subjekt selbst[5a] führt zur Passivität in der Liebe: beim Mann zur Homosexualität. Genets Wunsch war es, um für die eigenen Augen Objekt zu werden, durch den anderen passiv behandelt zu werden. Sartre nennt die Situation eines Mannes, der seine Wahrheit in seinem Sein-für-den-anderen findet, präpäderastisch. Etwas davon trifft man bei Schauspielern an, selbst dann, wenn sie sexuell ausschließlich Frauen zugeneigt sind. Normalerweise hat ein Mann gar nicht den Wunsch, eine Frau mittels seiner physischen Attribute, die er ja ererbt und nicht erworben hat, zu verführen. Die Frau soll ihn wegen seiner Stärke, wegen seines Mutes und wegen seiner Angriffslust lieben, als einer beherrschenden Kraft, als reiner Gewalt des Tuns und Nehmens. Ein solcher Mann sucht in den Augen der sich hingebenden Frau die Widerspiegelung seiner unendlichen Freiheit. Genet hingegen, der nichts *tut*, der nur handelt, um zu sein, sucht dem anderen nicht seine beherrschende Kraft, sondern seinen Kern zu enthüllen.

In Genets Roman *Notre Dame des Fleurs* ist die Hauptfigur

5a Sartre ist aufgrund seines falschen Subjekt-Objekt-Dualismus kritisiert worden, doch sollte man bedenken, daß er hier die phänomenologische Untersuchung einer Person durchführt und daß die Erfahrungen seiner selbst als Subjekt-für-sich-selbst und als Objekt-für-andere ganz klar linguistischer Differenzierung bedürfen, wenn man den phänomenologischen Kontrast in den Modalitäten des Sichselbsterfahrens zum Ausdruck bringen will.

ein männlicher Prostituierter, der so weit feminisiert ist, daß er sich als Frau fühlt und Divine genannt wird. Genet spricht von ihm auch stets als »ihr«. An einer Stelle versucht sie ein Mann zu werden, indem sie als Mann zu handeln versucht – aber diese Handlungen bleiben nur Gebärden. Sie pfeift auf den Lippen und steckt die Hände in die Taschen, doch diese Vorstellung ist so miserabel, daß Divine im Verlauf eines Abends als fünf oder sechs verschiedene männliche Charaktere gleichzeitig erscheint. Sie spielt sich auf, macht sich zum Objekt; ihr Wunsch ist, genommen zu werden, nicht zu nehmen, gesehen zu werden, nicht anzusehen. Man wird nicht als Homosexueller geboren, behauptet Sartre; aber man kann, je nach den Ereignissen und seinen Reaktionen darauf, ein Homosexueller werden. Alles hängt davon ab, wie man auf das antwortet, was einem von anderen angetan wird. Sartre zufolge ist Homosexualität weder das Ergebnis einer pränatalen Bestimmung noch das einer endokrinen Fehlfunktion, und auch nicht das passive und determinierte Resultat von Komplexen. Homosexualität ist etwas, das von einem Kind in einem entscheidenden Moment, einem Moment des Erstickens, entdeckt oder erfunden wird.

Aber noch andere Faktoren führten Genet zur Homosexualität. Auf seine Verdammung reagierte er mit völliger »Umkehr«. Wie er sagt, wurde bei ihm wie bei einem Handschuh das Innere nach außen gestülpt; er war das Ungeheuer, das Unnatürliche, das Unmögliche. Er wurde nicht nur aus der Naturwelt, sondern auch aus seiner eigenen Natur ausgeschlossen. »Wir baden in unserem Leben, in unserem Blut, in unserem Sperma, unser Körper ist ein Wasser von hoher Dichte, das uns trägt, und es genügt, daß wir dies zulassen. Eine alltägliche Venus, die kaum zwischen Verdauung und Atmung und dem Schlagen unseres Herzens unterscheidet, macht uns behutsam einer Frau geneigt. Es genügt, daß wir Vertrauen in sie setzen; diese dienstbare Göttin wird sich um alles kümmern: um unser Vergnügen und um das Menschengeschlecht.«[6] Doch Genets Leben ist ebensowenig natürlich wie seine Geburt. Dieses Leben peinigt einen Leichnam: Genet hängt nur durch seinen Willen am Leben. Seine sexuellen Wünsche werden, wie sein Leben

6 *Saint Genet,* S. 83 (nach dem Original übersetzt).

selbst, Phantome sein. Auf wen sie sich auch beziehen – sie sind von vornherein verdammt: für ihn gibt es von Anfang an ein Verbot gegen das Verlangen. Seine nach innen gekehrte Sexualität, seine Ablehnung der Regeln der anderen, das Prinzip der Kontra-Natur, Anti-Physis spiegeln sich im Plan seines Körpers, so wie er ihn noch erlebt, wider.

Es bleibt nun noch zu erkennen, wie Genet zwischen der männlichen und der weiblichen homosexuellen Rolle wählte. Für Genet ist der männliche der geliebte Partner. Durch das Spiel dieser Rolle entdeckt sich der männliche Partner vergrößert im Herzen der Liebenden, des weiblichen Partners, wieder; er ist so errettet und in Sicherheit. Genet indessen wählte die weibliche Rolle, deren Konsequenzen der Schmerz ist, die Gleichgültigkeit des anderen, Eifersucht und schließlich, in der Gewißheit der Gleichgültigkeit des Geliebten, des Nichtgeliebtwerdens, Verzweiflung zu ertragen. Aber in der magischen Zeremonie des geschlechtlichen Aktes »stiehlt der Liebende das Sein des Geliebten«, um es sich einzuverleiben. Genets Werke sind reich an solchen Bildern, und er ist sich der Verwendung dieses phantastischen Austauschs von Identitäten höchst bewußt.[7]

Die früheste Form von Liebe, an die sich Genet erinnert, war der Wunsch, ein hübscher Junge *zu sein,* der gerade vorbeiging, und nicht, diesen Jungen sexuell *zu besitzen.* Divine sagt zu Gabriel: »Du bist ich selbst«, und Gabriel lächelt töricht, ohne sich bewußt zu werden, daß der andere ihm in einem Akt von magischem Vampirismus das Blut aussaugt. Die leidenschaftliche Liebe, die der Leutnant für Querelle hat, ist der Wunsch, Querelles Genitalien abzureißen und bei sich anzusetzen. Manchem mögen diese Entwürfe projektiver und introjektiver Identifikation absurd erscheinen, doch, so fragt Sartre, wie sicher sind solche Menschen, sie selbst zu sein? Er erzählt, wie einmal jemand eine Rede mit den Worten »Wir Ärzte . . .« begann, obwohl dieser Mann, wie Sartre wußte, nichts als ein Sklave war. »Niemandem ist erlaubt, diese einfachen Worte

---

7 Vgl. die von Psychoanalytikern wahrgenommenen projektiven und introjektiven Identifikationen in Phantasie-»Mechanismen« des Unbewußten. Vom phänomenologischen und existentialanalytischen Standpunkt aus umfassender behandelt wird dieses Thema in: R. D. Laing, *The Self and Others* (1961).

auszusprechen: Ich bin ich selbst.«[8] Nur der Allerfreieste kann
sagen: »Ich existiere«, und das ist schon zuviel; die meisten
sollten Formulierungen benutzen wie »Ich bin er«, »Ich bin ein
solcher in Person«. Diese gesellschaftlich sanktionierte Entfremdung nennt Sartre eine »legitime Hölle« und bringt seinen
Ekel vor derlei »unbewohnten Seelen« zum Ausdruck.[9] Er vergleicht Genet mit einem leeren Palast. Die Tische sind gedeckt,
die Kerzen angezündet, Schritte hallen in den Korridoren, Türen öffnen und schließen sich, aber niemand erscheint. Er hat
auf der Lauer gelegen und Fallen gestellt und Spiegel ange-
bracht – vergebens.

Geliebt zu werden war Genets unmöglicher Traum. Die anständigen Leute, von denen wir gehört haben, projizierten ihre
negative Energie auf Genet und ließen ihn diese verkörpern.
Genet projiziert dann dieses absolute Anderssein in das Anderssein des Geliebten. Als für sich selbst Fremder vermag er
nur einen anderen zu lieben, der anders als er selbst ist. Er
wird nur von sich selbst geliebt; denn er in seinem absoluten
Anderssein ist es, der ihn in der Maske des anderen liebt. Es
sind nicht einfach die Muskeln, das Haar und der Geruch des
anderen, die in ihn eindringen, sondern all dies als die Verkörperung des Seins, *seines* Seins. Durch die Liebe zu dieser
indifferenten Schönheit mit seinem Körper und seinem Geist
erreicht Genet, das verlassene Kind, sein höchstes Ziel: *geliebt
zu werden* – geliebt zu werden aber nicht als er selbst von
einem anderen, sondern von sich selbst in seinem Anderssein in
einem anderen.

Die Essenz des Geliebten ist seine *Indifferenz*, seine profunde
Natur, eine Sache, Objekt zu sein. Genet stellt sich das Paar
als Vereinigung von Körper und Geist vor, doch ist diese Be-
ziehung nicht reziprok, da Bewußtsein zwar Bewußtsein des
Körpers sein mag, aber Körper nicht einfach Körper ist;
Körper ist völlig er selbst. Der Körper an sich *(en soi)* ist eine
autonome Substanz; Bewußtsein ist an sich und für sich eine
Relation. Es ist diese Autonomie der Substanz, die Genet In-
differenz nennt. Alle Begriffe, die er als Bezeichnungen für den
Geliebten verwendet, sind Negationen oder versteckte Negatio-

8 *Saint Genet*, S. 85.
9 *Saint Genet*, S. 85.

nen, z. B. »unbeweglich und still«, »unveränderlich«, »unzugänglich«, »der Todesengel selbst, so unnachgiebig wie ein Fels«. Der Geliebte ist nur als Erscheinung nicht vorhanden oder vorhanden; seine reinsten Tugenden sind seine destruktiven Kräfte und sein Mangel an positiven Eigenschaften. Im Augenblick der Unterwerfung reduziert Genet den Mann zu einem Schatten, einem Anschein von Sein, das nur durch Genet existiert. Hier liegt die Hauptursache von Genets *Verrat*. Der geliebte Mann ist allem voran das Nein: Nichtleben, Nichtliebe, Nichtvorhandensein, Nichtgutes. Schicksal ist für Genet ein riesiger Penis, der Mann ganz Phallus, der Phallus wird Mann. Sartre führt zahlreiche der Genetschen Bilder an, die dessen »Pansexualismus« und »Phallisierung der Natur« veranschaulichen. Aber dieser Pansexualismus ist ein Panmoralismus, diesem sexualisierten Universum fehlt die Sinnlichkeit. Dieser Penis ist aus Metall: der des Paulo wird z. B. als Kanone beschrieben. Genet wird nicht vom Fleisch eines Penis, sondern von dessen Kraft und Härte beunruhigt. Anhand von Bachelards Darstellung des Ikarus-Komplexes zeigt Sartre, wie in Genets Sexualität die Dynamik des *Falls* eingeschlossen ist. Genet »fällt« in das Herz des anderen; mit seinem Fallen reckt sich die »schwindelerregende phallische Klippe höher und höher hinauf« – um so tiefer ist der Abgrund, in den er fällt. Am Fuß des Abgrunds schließlich findet der Liebende, Genet, den Leichnam des Geliebten, der vor ihm gefallen ist. Der Geschlechtsakt ist für Genet eine Unterwerfungszeremonie. Aber er ist zudem Akt der Vergewaltigung; denn bei der Unterwerfung setzt sein Stolz einen beträchtlichen Widerstand entgegen, der seinen körperlichen Ausdruck im Widerstand des Schließmuskels findet. (Der Sexualakt ist eine Wiederholung jener Krise, die Genet in einen Dieb verwandelte. Beide Male nageln ihn die Blicke grausamer, starker Menschen fest. Doch in diesem Fall ist die Krise angestrebt, provoziert und hat, nach Sartres Meinung, einen kathartischen Wert, der dem in der Psychoanalyse ähnelt.) In dieser strengen Zeremonie gibt es nur wenig Sinnlichkeit. Niemals liebkost der männliche Partner den anderen, es sei denn, er ändere seine Lage, um die eigene Lust zu erhöhen. Orgasmus ist dem Liebenden während des Koitus verwehrt. Lust ist »in ihm«, aber es ist der andere, der die Lust nimmt. Nach dem Koitus onaniert Divine schnell und diskret in der Toilette hinter dem Rücken Notre Dames, ihres männlichen Partners.

In Genets Sexualakt gibt es zwei Phasen: die »starke« Phase, in der der andere vorhanden, aber die Lust nicht vorhanden ist, und die »schwache« Phase, in der zwar die Lust wirklich vorhanden, aber der andere nicht vorhanden ist. Wenn der andere wirklich vorhanden ist, ist die Lust Schein und nur simuliert. In der »schwachen« Phase, der der Masturbation, ist die Lust wirklich vorhanden, sie wird jedoch nur von Phantasien begleitet: Divine denkt an Notre Dame, während er onaniert, obgleich Notre Dame, schlafend und schnarchend, ihn vergessen hat. Sartre entwickelt seine Beschreibung der Funktion, die die Masturbation in Genets Leben hat, in dem folgenden Absatz: »Alle Gefangenen onanieren. Doch gewöhnlich geschieht dies aus Mangel an Besserem. Bei diesem einsamen Luxus würden sie die bedauernswerteste Dirne bevorzugen. Kurzum, sie machen guten Gebrauch vom Eingebildeten: das sind die anständigen Masturbanten. Ein französischer Journalist in Cincinnati, angewidert vom amerikanischen Puritanismus, sagte einmal mit einiger Noblesse: ›Ich, als Mann von fünfunddreißig Jahren, mit dem Croix-de-guerre ausgezeichnet, vier Kinder, onaniere heute morgen!‹ Welch aufrichtiger Mann! Aber Genet pflegte schlechten Gebrauch von der Masturbation zu machen. Sich dafür entscheiden, das Scheinbare vor allem anderen zu bevorzugen, bedeutet, die Masturbation prinzipiell höher als alle anderen Formen des Koitus einzustufen.«[10] Genets kräftige junge Geliebte sind in ihrer Existenz völlig von ihm abhängig: Warum soll er dann den »realen« anderen nicht ganz und gar abschaffen? »*Phantasiebilder* reichen schon aus, um das Wesentliche der Päderastie zu offenbaren. Der folgende Satz Genets scheint mir auf erstaunliche Weise seine Masturbation zu definieren: ›Ich existiere nur durch jene, die nicht existieren, außer durch mich.‹ Ein entschiedener Masturbant, bevorzugt Genet die Liebkosung durch sich selbst, weil hier die empfangene Lust mit der gegebenen Lust übereinkommt; der Moment der Passivität fällt mit dem der größten Aktivität zusammen: da ist zu ein und derselben Zeit dieses gerinnende Bewußtsein und diese immer schneller werdende, kirnen-

10 *Saint Genet*, S. 341 (nach dem Original übersetzt).

de Hand. Sein, Existenz; Glaube, Werke; masochistische Trägheit und sadistische Wildheit; Erstarrung und Freiheit – im Augenblick der Lust treffen die beiden widersprüchlichen Bestandteile Genets zusammen. Er ist der Kriminelle, der vergewaltigt, und die Heilige, die sich erlaubt, vergewaltigt zu werden. An seinem Körper liebkost eine Hand Divine. Oder besser gesagt: diese Hand, die ihn liebkost, ist die Hand von Mignon. Der Masturbant entrealisiert sich, er ist nahe daran, die magischen Formeln zu entdecken, die die Schleusentore öffnen. Genet ist verschwunden: Mignon liebt Divine. Jedoch, ob Opfer oder Henker, Liebkosender oder Liebkoster – am Ende müssen diese Phantasien wieder in Narzißmus aufgehen: Narziß fürchtet die Menschen, fürchtet ihr Urteil und ihr wirkliches Vorhandensein, er möchte allein für sich eine Aura der Liebe erfahren, sich nur um ein Weniges von seinem Körper entfernen: um eine Dünne Schicht Anderssein über seinem Fleisch und seinen Gedanken. Seine Merkmale zerfließen; diese Unbeständigkeit beruhigt ihn und dient seinen frevlerischen Absichten; sie karikieren die Liebe. Der Masturbant nimmt sich ganz für sich ein, weil er sich niemals genügend als ein anderer fühlen kann, und produziert für sich allein das teuflische Trugbild eines Paars, das bei Berührung verschwindet. Das Scheitern der Lust ist die saure Lust des Scheiterns. Reiner dämonischer Akt, trägt die Masturbation innerhalb des Bewußtseins ein Trugbild des Trugbildes: Masturbation ist die Irrealisierung der Welt und die des Masturbanten. Aber dieser Mann, der es so einrichtet, von den eigenen Träumen verzehrt zu werden, weiß nur zu gut, daß der Traum nur existiert, weil er es so gewollt hat: Divine hört nicht auf, Genet in sich aufzusaugen, und Genet hört nicht auf, Divine in sich aufzusaugen. Und dennoch: Durch einen Umschwung, der die Ekstase zu ihrem Gipfel trägt, ruft dieses klare Nichts reale Geschehnisse in der Welt hervor: Erektion, Ejakulation; die feuchten Flecke auf dem Bettlaken haben das Imaginäre zur Ursache. Mit einer einzigen Bewegung nimmt der Masturbant die Welt gefangen, um sie aufzulösen und im Universum die Ordnung des Irrealen einzusetzen: Die Trugbilder *haben existent zu sein*, da sie Handelnde sind. Nein, die Masturbation des Narziß ist nicht, wie die Leute leichtfertig denken, alltägliche, abendlich stattfindende Galanterie, nette und freche Entschädigung für des Tages Arbeit: sie will Verbrechen sein. Genet hat dieses Vergnügen aus seinem Nichtsein gezogen: Einsamkeit, Ohnmacht, das Unwirkliche, das Böse haben direkt und ohne Rückgriff auf das Sein ein *Ereignis* in die Welt gesetzt.«[11]

Wir erkennen in Genets Masturbation einen Ausdruck davon, wie er die Widersprüche, die er selbst erfindet, zu falscher Einheit auflöst. Dieses Vorgehen liegt allem Denken und Handeln Genets zugrunde. Alle frühen Attributionen zu Genets Wesen, die zum Ausdruck brachten, daß dieses unnatürlich sei, verheimlichten ein Gebot, das er als Verbot erlebte: irgendeinen »natürlichen«, spontanen Gedanken oder irgendein »natürliches«, spontanes Gefühl zu haben. Jeder spontane Wunsch, dessen Befriedigung unverzüglich anvisiert wird, stößt auf das reflektive Bewußtsein, das seine Befriedigung verbietet. Jedes Gefühl, jede Form primärer Bewußtheit wird von einer parasitären reflektiven Bewußtheit begleitet, die die primäre Bewußtheit lenkt, ihr widerspricht oder sie manipuliert. Diese Bedingung ist bei Genet die Regel. »[. . .] diese doppeldeutigen Strukturen, diese falschen Einheiten, wo die zwei Terme eines Widerspruchs sich in einem infernalen Rondo nachjagen, nenne ich *tourniquets*.«[12]

Obwohl Genet von seinem reflektiven Bewußtsein gequält wird, muß man auch erkennen, daß in ihm Optimismus und Verstandesschärfe zu Hause sind. Seine spontane primäre Bewußtheit schwindet und nimmt an Lebendigkeit ab; schließlich ist sie nicht mehr als eine transparente Membran zwischen der Welt und seinem reflektiven Bewußtsein. Genet sieht die Welt mehr durch das Medium seiner primären Bewußtheit hindurch als mit seiner Hilfe. Mehr eine Fensterscheibe denn ein Auge, dient es ihm dazu, das Bedrohliche an der Welt zu dämpfen. Er ist ein Publikum, das dem Schauspiel seiner eigenen Mißgeschicke beiwohnt. Genets Bewußtsein, schreibt Sartre, ist ein Bewußtsein, das, wie die Backpflaumen von Tours, mit sich selbst vollgestopft ist.

Dieser Funktionsmodus seines Bewußtseins wird von Genet in einem Stupor von Perplexität erlebt. Manchmal fragt er sich,

11 *Saint Genet*, S. 341-2 (nach dem Original übersetzt).
12 *Ebd.*, S. 238 (nach dem Original übersetzt). »Tourniquet« würde mit »Drehtür« in diesem Zusammenhang nur sehr unvollkommen übersetzt sein. Wir belassen es bei dem französischen Wort.

ob er nicht träume; manchmal hat die Wirklichkeit den Nach-
geschmack eines Alptraums. Doch dieser Stupor ist vor allem
reflektiv. Sartre fordert uns auf, uns den fremdartigen Geschmack vorzustellen, den dieses Bewußtsein von sich selbst
hat. »Wer bin ich?« – »Warum muß ich allein so viel leiden?« –
»Was habe ich getan, daß ich hier bin?« – »Wer setzt mich all
diesen Prüfungen aus?« Auf alle diese Fragen bleibt nur eine
Antwort. Sie lautet: Genet selbst. Und er findet die Antwort,
indem er sich selbst findet. In jedem Augenblick muß ein Versprechen gehalten werden, in jedem Augenblick ergreift er Besitz von sich selbst als eine Berufung. Aber wer ist es, der ruft?
Welches Versprechen hat er gemacht? Und wem? Von Zeit zu
Zeit verfiel er in einen Zustand der Verwunderung, so ausgeprägt, daß ihn das Gefühl überkam, das Bewußtsein zu ver-
lieren. Im Speisesaal der Besserungsanstalt von Mettray saß er
da, die Gabel in der Luft, ins Unbestimmte starrend, das Essen
vergessend. Die Behörden ließen ihn psychiatrisch untersuchen,
aber die Anfälle von »Stupor« waren, wie Sartre sagt, ein Beweis für seine geistige Gesundheit. Im Gegensatz zu jenen zeitgenössischen Philosophen, z. B. Camus, die die Absurdität der
Welt und des Menschen in der Welt entdeckt zu haben glauben, findet Genet die Welt voller Sinn. Für Camus schmilzt die
dünne Kruste von Sinn dahin, und es offenbart sich brutale
Wirklichkeit ohne Bedeutung. Für Genet ist es die Wirklichkeit, die durch ein Übermaß fremdartiger Bedeutungen ero-
diert. In seinem »Stupor« begreift er, in einem Zustand der
Verblüffung, gleichzeitig die Wirklichkeit und die Resultate
der eigenen Akte der Entwirklichung. Der Stupor ist der Modus des »Kontakts mit« und des Begreifens von Wirklichkeit,
Wirklichkeit freilich, die in der Art und Weise der Entfremdung von ihr begriffen wird.
Sartre nennt zahlreiche Beispiele Genetscher *tourniquets*, die
reflektiven Techniken, mit denen sich Genet mit den Paradoxa
seiner Existenz auseinandersetzt. Sartre stellt eine Reihe von
Grundprinzipien oder Grundschemata vor, auf denen die Konstruktion der *tourniquets* beruhen. Genet hat einen Typus von
Anti-Logik, eine *logique du faux,* entwickelt. Schnelles Hin-
und Herpendeln von einer Position zu ihrem Gegenteil ruft
den Anschein von Identität hervor, einer falschen Einheit, die
augenblicklich von einem weiteren, ähnlich bewältigten Wider-

spruch gefolgt sein kann. Die falsche Einheit wird, da sie unmöglich ist, nur als Limit gegeben, als Grenzstein einer Bewegung – einer Bewegung, die nicht ein Fortschreiten sein kann, weil Fortschritt eine Synthese antithetischer Begriffe bedeutet. Genets Gedanken bewegen sich zirkulär. Sartre vergleicht Genets Zerrüttung des Verstandes mit Rimbauds systematischer Zerrüttung der Sinne. Ruft man sich die beiden gegensätzlichen Systeme der Kategorien von Sein und Tun ins Gedächtnis, so stellt man fest, daß innerhalb eines jeden Systems und zwischen beiden Systemen komplizierte Dialektiken am Werk sind.

Wenn Genet behauptet: »Ich bin der schwächste aller Menschen und der stärkste«, – was sagt er dann tatsächlich? Meint er, daß er unter einigen Gesichtspunkten schwach und unter gewissen anderen stark ist, oder daß er schwach »in seiner Erscheinung« und stark »in Wirklichkeit« ist? Indes, solche Unterscheidungen trifft Genet nicht. Er ist in jedem Augenblick und unter allen Gesichtspunkten, in seiner Erscheinung und in Wirklichkeit stark und schwach. Er bezieht sich hier auf die beiden entgegengesetzten Wertesysteme und weigert sich, sich für eines zu entscheiden. In dem ersten System ist der »aktive homosexuelle Strichjunge« Schicksal, die unbegreifliche Erscheinung des rein Bösen, und Genet ist nichts als der gemeinste, kriechende, vom gestrengen Herrn unterjochte Wurm. In dem zweiten System nimmt Genet in luzider Bewußtheit den Strichjungen mit seinen Worten und seinen Reizen gefangen und führt ihn mit seiner parfümierten Niedertracht ins Unglück. Doch jedes der beiden Systeme impliziert das andere. Wenn der Strichjunge nur eine Puppe ist, deren Fäden von Genet gezogen werden – wie kann er dann an dem Vorgang Gefallen finden? Irgendwie muß er seine Überlegenheit über Genet bewahren, so daß der letztere, indem er ihn zum Narren hält, seine guten Qualitäten erlangt. Umgekehrt muß Genet, der Heilige, wenn der Strichjunge ihn herumstößt, sich sein Gefühl der Überlegenheit bewahren, damit das Böse perfekt und die Ungerechtigkeit komplett sein kann. Genet ist der Stärkste, wenn er der Schwächste ist, und der Schwächste, wenn er der Stärkste ist.

Sartres umfangreiche phänomenologische Untersuchung der Funktion der natürlichen Gegenstände, Werkzeuge und anderen Dinge sowie der Sprache in Genets Welt in verkürzter Form darzustellen, ist unmöglich. Genets Beziehung zu Objekten offenbart sich sehr deutlich in seinem Erlebnis eines Einbruchs. Er erfährt die Dichte der Realität durch die aufzuwendenden Anstrengungen, sie zu zerstören. Diebstahl ist ein heiliger Akt der Zerstörung. Bei einem Einbruch muß er Fallgitter anheben, Türen aushängen, Hunde töten, Alarmglocken abstellen. Wenn alles gutgeht, *dringt er in einen Menschen ein*, einen nackten, schreckensstarren, wehrlosen Menschen. Das Zimmer spiegelt den Geschmack, die Gewohnheiten und die Laster dieses Menschen wider. »Ich erinnere mich nicht genau an den Eigentümer des Ortes, aber all meine Gesten beschwören ihn herauf. [...] Ich bade in der Idee des Eigentums, wenn ich das Eigentum entwende. Ich erschaffe den abwesenden Eigentümer. Er existiert nicht Angesicht zu Angesicht mit mir, sondern überall um mich herum. Er ist ein flüssiges Element, das ich atme, das in mich eindringt, das meine Lungen bläht.«[13] Aber nicht nur wird diese Präsenz verletzt, sie wird auch verstümmelt. Behandschuhte Hände tasten im offenen Leib herum; sie reißen die Leber heraus und greifen nach einem Familienalbum. Dieser von Mord gefolgte Raub ist ein Symbol, und die Diebe sind sich dessen so sehr bewußt, daß sie seine körperliche Realisierung zu erreichen suchen. Manche Diebe, von denen Genet schreibt, nehmen Platz und speisen in der Küche des Hauses, das sie berauben, oder sie speien auf das Geld, das sie aus einer Schublade nehmen. Auf die Zerstörung folgt mit der Wertumwandlung eines Gegenstandes vom Gebrauchswert zum Tauschwert ein weiterer destruktiver Akt. Diebstahl resultiert also in der totalen Zerstörung des gestohlenen Gegenstandes, der Entorganisierung der Werte im Sinne von Nützlichkeit und sentimentaler Assoziation. Unsere Handlungen drücken dem Sein unseren Stempel auf; der erschaffene Gegenstand präsentiert seinen Schöpfer diesem selbst in einer Dimension des Objektiven. In der Erschaffung werde ich wahrhaft mitten unter Geschöpfen entäußert; in der Zerstörung wird das Universum wieder in mich aufgesogen.

Das von Sartre vorgelegte Material paßt recht gut zu psychoanalytischen Vorstellungen, in denen Mechanismen wie intro-

13 *Saint Genet,* S. 244. Genet zitiert nach Sartre.

jektive und projektive Identifikation, Objekt-Idealisierung, Selbstverleugnung und Spaltung eine Rolle spielen. Diese Mechanismen sind in jenem Bereich des Erlebens in Funktion, den wir als unbewußte Phantasie kennen; sie haben ihren Ursprung im frühen Kindesalter, das, im Falle Genets, Sartre zu oft nur implizit und unsystematisch berücksichtigt. Man könnte zum Beispiel sagen, daß Genet außer Gefühlen der Zurückweisung von seiten seiner Mutter Phantasien mit dem Inhalt hatte, seine Mutter aus Haß getötet zu haben; und daß Schuldgefühle aufgrund der sadistischen Attacken gegen seine Mutter vor seiner Erfahrung vorhanden waren, beim Diebstahl erwischt und ein Dieb genannt zu werden; und daß diese in der Phantasie vorhandenen Schuldgefühle dem »monströsen Prinzip« in Genet, das später von den Erwachsenen in der Welt seiner Kindheit in ihn hineinprojiziert wurde, einen weiteren, notwendigen Sinn geben. »In Wirklichkeit« zu stehlen könnte man in Übereinstimmung sehen mit Phantasien des Stehlens und des Zerstörens alles Guten in seiner Mutter Brust und Leib. Und Genets Erfahrung, als Dieb bezeichnet zu werden, könnte man vor dem Hintergrund einer »unbewußten Schuld« sehen, die mit diesen Phantasiehandlungen im Zusammenhang steht.

Genet hätte den Rest seines Lebens wie die meisten von uns verbringen können – die Phantasien in sein Inneres vergraben, wenngleich sich diese vielleicht indirekt als »Symptome« manifestiert hätten und dem Bewußtsein unzugänglich gewesen wären –, wäre er nicht in eine Lage gebracht worden, in der die anderen versuchten, sich in ihrer Präsenz in ihm zu etablieren und ihn fortan »vom Innern her« in einer Weise zu steuern, die eine totale Bedrohung seiner Identität darstellte – die Gefahrt totaler Entfremdung, die ihm nichts von sich selbst übriggelassen hätte. Sie spielten seine schlimmsten Phantasien vom anderen aus, und diese Situation erst brachte seine Phantasien von der Stufe der präreflektiven Bewußtheit, die unbewußte Phantasie ist, insofern dies Erfahrung ist, auf die Stufe der Imagination, die eine reflektive Bewußtheit voraussetzt. Diese Transformation der Phantasie (präreflektiv) in imaginative (reflektive) Bewußtheit ist der zentrale Kern. Genets Phantasien wandelten sich zu den Bildern seiner Mythen. Er hätte auch »psychotisches« Opfer seiner Phantasien werden können, aber statt dessen bewältigte er die Phantasien durch die Kreativität seiner Rituale und seiner Kunst. Man kann frühe Phantasien als Teil der eigenen »Faktizität«[14] betrachten – so wie ein kranker Körper Teil der eigenen Faktizität sein kann. In welchem Grade ist man frei, sich für sich selbst zu entscheiden: angesichts der Phantasien, die die Wahrnehmung seiner selbst und anderer zu bestimmen scheinen und die in einer Phase ihren Ursprung haben, die ontogenetisch vor der Verantwortung, im gewöhnlichen Sinn des Begriffes, liegt? Zudem gibt, wie wir schon in ähnlichem Zusammenhang festgestellt haben, die Meinung Genets, *trop volontaire* zu sein, auf dieser Stufe der theoretischen Erörterung Anlaß zu Problemen. Eben die Fähigkeit, sich selbst zu wählen, könnte man als eine genetisch determinierte, ursprüngliche, »konstitutionelle« Gegebenheit ansehen, doch ist, wie Sartre ausführt, die Faktizität von Freiheit, daß Freiheit nicht frei ist, nicht frei zu sein. Einige dieser Punkte finden in der *Kritik der dialektischen Vernunft* eine weitere Erläuterung.

14 Dieser zuerst in *Das Sein und das Nichts* verwendete Begriff nimmt Bezug auf die Art und Weise, wie ein Bewußtsein zwangsläufig in die Welt, in die Materialität und in die Vergangenheit einer Person eingebettet ist.

R. D. Laing
›Kritik der dialektischen Vernunft‹

Einleitung

A. Dogmatische Dialektik und kritische Dialektik

Es gibt gewisse Grundprinzipien des dialektischen Materialismus, z. B. daß die Negation einer Negation eine Affirmation sein kann, daß aufgrund eines Konflikts innerhalb einer Person oder einer Gruppe diese Person oder Gruppe Geschichte macht, daß jedes Moment in einer Folge von ihrem Anfangsmoment her verstanden werden muß, *aber nicht auf es reduzierbar* ist, daß Geschichte in jedem Augenblick Totalisierungen totalisiert usf. Es handelt sich dabei um Prinzipien, nicht um Dogmen. Einige dieser dialektischen Prinzipien finden sich auch in anderen philosophischen Ansätzen. Zum Beispiel ist der Determinismus der Comteschen Positivisten zwangsläufig Materialismus, wenngleich der von ihnen untersuchte Gegenstand dadurch, daß er außerhalb von sich selbst bedingt ist, stets Mechanismus ist. Auch Sozialanthropologen bedienen sich in gewissem Grade dialektischer Verfahren, so wie die psychoanalytische Theorie dialektische Elemente enthält; jedoch befindet sich jedes bestehende theoretische System hinsichtlich seiner Grundprinzipien in einem Zustand der hoffnungslosen Verwirrung.
Sartre sagt, es gebe einen Hyperempirismus, einen Neopositivismus, der alles *a priori* leugnet. Es gibt keinen Grund, warum Forschung nicht von Prinzipien beseelt sein sollte. Was wir nicht vergessen dürfen, ist, daß es weder für die ausschließliche Geltung der analytischen Vernunft noch für die bedingungslose Entscheidung für die dialektische Vernunft eine rein rationale Rechtfertigung gibt. Wir müssen den Gegenstand so hinnehmen, wie er gegeben ist, und seine freie Entfaltung vor unseren Augen zulassen. Gegenstand dieser Studie ist der menschliche Schauplatz in seiner ganzen konkreten Realität. Das Problem nun besteht darin: Wie können wir über diesen menschlichen Schauplatz, damit er verständlich wird, denkerisch tätig werden, und auf welche Weise denken wir, falls oder wenn wir ihn verständlich finden? Der bedeutendste Versuch, dieser Aufgabe gerecht zu werden, ist die marxistische Tradition, aber der Marxismus befindet sich heute in einer Krise. Er wird von inneren Widersprüchen heimgesucht, die im Moment nicht geklärt,

aber in Abrede gestellt werden: mit dem Ergebnis der theoretischen Paralyse. Diogenes wies Bewegung einfach durch Laufen nach; aber was wäre geschehen, wenn ihn eine vorübergehende Lähmung befallen hätte?

Die naturwissenschaftliche Forschung muß sich, um operational effektiv zu sein, nicht zwangsläufig ihrer eigenen Grundprinzipien bewußt sein. Dagegen ist dialektische Erkenntnis von Objekten mit der Erkenntnis der Dialektik unlösbar verknüpft. Die Dialektik ist eine Methode und eine Bewegung im Objekt. Die Struktur des Realen und die unserer eigenen Praxis sind miteinander verkettet. Die dialektische Vernunft nimmt keine Position außerhalb des Systems ein, auf das sie sich anwenden muß; sie kommt nicht durch eine am Anfang stehende Arbeitshypothese in Gang, die außerhalb des zu untersuchenden Systems formuliert und dann darauf angewendet wird. Sie *überschreitet* die analytische Vernunft des 17. Jahrhunderts, d. h. sie löst sie in sich auf, ohne sie zu eliminieren, als ein Moment in einer größeren Synthese.

Erste Aufgabe einer Kritik der dialektischen Vernunft ist es, die Frage zu stellen, welches ihre Grenzen sind und wie es um ihren Geltungsbereich bestellt ist. Dialektische Vernunft kann – sie muß sogar – durch die dialektische Vernunft selbst kritisiert werden (im Kantischen Sinne). Wenn das aber stimmt, so ist es notwendig, dieser Kritik zu erlauben, ihre eigene Grundlage und Entwicklung zu finden. Bis heute ist dies, weil eine solche Kritik vom Dogmatismus blockiert worden ist, unterlassen worden.

Dogmatismus hat sich von Anfang an – seit Marx Hegel auf die Füße stellte – hartnäckig gehalten. In gewisser Hinsicht ist Hegels Dogmatismus dem von Marx überlegen – eine Überlegenheit, die eben *in seinem Idealismus* liegt, weil darin eine Trennung *und* eine Verbindung zwischen Erkennen und seinem Gegenstand existiert. Diese Trennung ist es, die bei Marx verlorengeht. Marx sagt, daß die materielle Existenz der Menschen nicht auf kontemplatives Wissen reduziert werden kann. Praxis deckt bloßes Wissen zu. Doch sofort geraten wir in Schwierigkeiten. Denken ist zu ein und derselben Zeit Sein und Erkenntnis des Seins. Es ist die Praxis eines Individuums oder einer Gruppe unter bestimmten Bedingungen in einem bestimmten Augenblick der Geschichte; als solches unterliegt das

Denken der Dialektik als seinem Gesetz auf dieselbe Weise wie jedes Detail des historischen Prozesses. Aber Denken als Vernunft ist ebenso Erkenntnis der Dialektik, d. h. von diesem letzteren Standpunkt aus ist es gerade das Gesetz, dem es gehorcht. Gibt es dann einen unauflöslichen Widerspruch zwischen der Erkenntnis des Seins und dem Sein der Erkenntnis? Soweit Denken konstitutiv[1] für das Sein ist, manifestiert es sich als eine Dialektik von Aktivität und Passivität. Hegel versucht, dieses Problem zu lösen, indem er die grundsätzliche Identität von Sein und Erkenntnis postuliert. Auch Marx ist monistisch. Doch sowohl der Marxsche wie der Hegelsche Monismus werden durch Widersprüche in einen Dualismus gespalten. Marx hat seinen ontologischen Monismus durch die These definiert, daß das Sein nicht auf die Idee reduzierbar ist. In Sartres Augen ist der dialektische Materialismus in der Praxis zeitgenössischen Ideologien überlegen, weil er die Ideologie der aufsteigenden Klasse ist und sich somit zwangsläufig damit beschäftigt, sich zu entmystifizieren und sich Klarheit über sich zu verschaffen. Aber diese würde, falls diese Ideologie sich nicht sich selbst zuwenden könnte, um sich zu erhellen, einfach Ausdruck eines dinghaften Prozesses sein: sie würde in der Methode um nichts besser sein als der philosophische Liberalismus. Der monistische Materialismus hat, um das Sein als ein Ganzes in seiner Materialität zu begreifen, sehr erfolgreich den alten Dualismus von Denken und Sein abgeschafft. Indem er dies tat, leugnete der monistische Materialismus freilich jegliche dialektische Beziehung zwischen beiden. Heutige Marxisten scheinen von dieser Schwierigkeit wie gelähmt zu sein. Der monistische Marxismus, nicht jedoch eine wirklich konzipierte Dialektik, verfällt in totalen Relativismus. Die marxistische Dialektik der Natur erfindet eine Natur ohne den Menschen.
Erkenntnis, in welcher Form auch immer, stellt eine bestimmte Beziehung des Menschen zur Welt dar. Wenn der Mensch nicht mehr existiert, verschwindet diese Beziehung. Whitehead hat

1 Konstitutiv gegenüber konstituiert: vgl. Kants konstitutive Prinzipien der Vernunft im Gegensatz zu regulativen Prinzipien. Erstere ermöglichen uns, unsere Vorstellung von der wahrnehmbaren Welt über alle mögliche Erfahrung hinaus zu erweitern; letztere behaupten, daß Operationen ausgeführt werden können, ohne daß man voraussieht, was in dem Gegenstand vorhanden ist. Sartre entwickelt »konstitutiv« und »konstituiert« als antithetische aktive/passive Begriffe einer Dialektik.

sehr präzis gesagt, daß ein Naturgesetz als Hypothese seinen Anfang nimmt und schließlich ein »Faktum« wird. Wenn wir sagen, daß die Erde sich dreht, haben wir nicht das Gefühl, eine Behauptung aufzustellen oder uns auf ein Wissenssystem zu beziehen; wir nehmen an, dem »Faktum« selbst gegenüberzustehen, und zwar so sehr, daß wir uns als erkennende Subjekte ausschalten und mittels eines weiteren Tricks auch unseren Akt der Selbstausschaltung eliminieren. Erkennende und Erkenntnis lösen sich auf, um einfach Welt zu werden. Nun gilt dies nicht nur für Philosophen und Philosophie, sondern auch für Wissenschaftler und wissenschaftliche Erkenntnis. Wenn der dialektische Materialismus vorgibt, eine Dialektik der Natur aufzustellen, dann offenbart er sich als simple Ordnung von »Fakten«. Es wäre ganz falsch zu behaupten, mit »Fakten« beschäftigt zu sein, wenn diese »Fakten« Gefahr liefen, durch den Fortschritt der Wissenschaft in ihrem Wesen verändert zu werden. Wir können diesen Versuch, von der Welt zu sprechen, als ob sie sich niemandem enthülle, transzendentalen dialektischen Materialismus nennen.

Diese Form des Materialismus ist nicht wirklich dialektisch, und doch finden wir sie bei Marx definiert: Die materialistische Weltvorstellung bringt eine Konzeption der Welt zum Ausdruck. In dieser Konzeption wird der Mensch in das Innere der Natur als eines ihrer Objekte gestellt, wobei man annimmt, daß er sich unter unseren Augen in Einklang mit den Naturgesetzen entwickelt hat, d. h. als bloße, von den vorgeblich universalen Gesetzen der Dialektik beherrschte Materialität. Nach dieser Auffassung wird das Objekt des Denkens als Natur-wie-sie-ist und das Studium der Geschichte als eines von vielen Beispielen für das Studium der Natur angesehen. Immerhin hat diese Konzeption den Vorteil, das Problem fortzuzaubern. In ihr ist die Dialektik der Natur etwas Transzendentales und Apriorisches, und die Natur des Menschen hat ihren Ort außer seiner selbst in einer Natur, die außermenschlich ist, in einer Geschichte, die im Nebelhaften ihren Anfang nimmt. Alles und jedes muß sich jederzeit auf die Totalität der Naturgeschichte zurückführen lassen, von der die menschliche Geschichte nur ein Teilbereich ist. Innerhalb dieses theoretischen Schemas ist wirkliches Denken als Praxis nicht vorstellbar. Dialektisch gesehen, geht wirkliches Denken über voraufgegangene Momente innerhalb der konkreten Bewegung der Geschichte hinaus; in diesem nichtdialektischen Materialismus hingegen kann das Denken kaum mehr sein als eine unvollkommene Widerspiegelung ihrer Objekte, die er bestenfalls so wenig wie möglich verfälscht. Eine Idee ist nur insoweit wahr, als man sie auf einen toten Gegenstand, auf eine Resultante, reduzieren kann. Wirkliches Denken wäre dann das am wenigsten menschliche, das am wenigsten lebendige, die perfekte Resultante. *Damit wird die Idee ein von Dingen bestimmtes Ding und keine bestimmte Tat.* Der konkrete, lebendige Mensch mit seinen menschlichen Beziehungen, seinen Ideen, richtigen und falschen Ideen, seinen Handlungen, seinen realen Zielen ist für dieses System, das sich verschlossen hat und ihn draußen läßt, ein Fremdkörper. An der Stelle des Menschen steht ein absolutes Objekt. Das Ergebnis davon ist, daß wir in den dogmatischen Idealismus zurückgefallen sind.

Naturwissenschaftliche Gesetze leiten sich aus experimentellen Hypothesen ab, die durch Fakten verifiziert wurden. Das absolute Prinzip, daß die Natur dialektisch sei, ist hingegen keiner Verifizierung zugänglich. Wie wir gesehen haben, gibt es eindeutig eine Dialektik *zwischen* dem Wissenschaftler und seinen Objekten; doch wenn wir erklären, daß es *in* den Objekten der von der Wissenschaft aufgestellten Gesetze ohne weitere Beziehung zu dem Wissenschaftler eine Dialektik gibt, dann haben wir keine Möglichkeit, dies zu beweisen. Dialektische Vernunft hat nichts mit in den Bereichen Physik und Chemie vermuteten Kräften zu tun. Die Idee der Dialektik ist auf ganz unterschiedliche Weisen in der Geschichte erschienen; sie ist in den Beziehungen und durch die Beziehungen zwischen Menschen und Materie und zwischen Menschen entdeckt und definiert worden.

Man achte hier auf die Unklarheit der Sprache, die manchmal Objekte und ein anderes Mal die Begriffe dieser Objekte bezeichnet. Materialismus ist an sich kein Gegensatz zum Idealismus. Es gibt sehr wohl einen materialistischen Idealismus, der im Kern nur ein Diskurs über die Idee der Materie ist. Das wirkliche Gegenteil von idealistischem Materialismus ist realistischer Materialismus. Denken ist das Denken eines Menschen. Realistischer Materialismus beginnt mit dem Tatbestand, daß der Mensch in diese Welt situiert ist. Der realistische Materialismus spricht vom materiellen Universum als dem, was sich aus einer Praxis in einer bestimmten Situation enthüllt.

Engels wirft Hegel vor, die Denkgesetze der Materie zu oktroyieren, doch gerade dies tut Engels selbst. Naturwissenschaft ist das Unternehmen von Naturwissenschaftlern, und als solches ist es ein geschichtliches und gesellschaftliches Unternehmen. *Geschichte und Gesellschaft sind die einzigen wahren Reiche der dialektischen Vernunft*. Die Dialektik in eine Naturwelt zu verlagern, aus der der Wissenschaftler eliminiert ist, bedeutet, sie der Rationalität zu berauben, weil sie nicht mehr als eine Dialektik ist, die der Mensch hervorbringt, indem er sich selbst hervorbringt. Dies bedeutet nicht, daß Sartre die Existenz dialektischer Beziehungen in der unbelebten Natur leugnet. Er steht auf dem Standpunkt, daß man glauben oder nicht glauben kann, daß die Gesetze von Physik und Chemie eine Dialektik zum Ausdruck bringen. Aber hier ist es eine Frage von Vernunft in einem regulativen und nicht in einem konstitutiven Sinn. Es ist notwendig, die Grenzen und den Geltungsbereich dialektischer Evidenz zu bestimmen. Eine Dialektik der Natur ist möglich, aber nicht notwendig. Nur durch menschliche Geschichte, d. h. durch die Praxis von Menschen, die in konkreten materiellen Bedingungen situiert sind, d. h. durch die Entdeckung dieser Bedingungen und dadurch, daß der Mensch sich ihnen unterwirft, manifestiert sich eine Dialektik. Kurz gesagt: Wenn etwas existiert, das man korrekt dialektischen Materialismus nennen kann, dann muß dies ein historischer Materialismus sein, d. h. ein Materialismus aus der Geschichte heraus. Ich, du, er, sie, es machen ihn, erleiden ihn, erleben ihn, erkennen ihn. Ferner kann dieser Materialismus, wenn er existiert, nur in den Grenzen unseres sozialen Zusammenhangs, in unserer organisierten, stratifizierten Gesellschaft Gültigkeit haben. Die Dialektik der Natur hingegen kann nur eine metaphysische Hypothese sein. Das Denkverfahren, das darin besteht, (a) in der Praxis und durch die Praxis die dialektische Rationalität unserer Handlungen in ihrem historischen und sozialen Kontext zu entdecken, (b) diese Rationalität als unbedingtes Gesetz auf die anorganische Welt zu projizieren und dann sie (c) unter der Vorspiegelung, dieses Naturgesetz in seiner undurchsichtigen Irrationalität bestimme die Gesellschaft, aus dem Anorganischen in die Gesellschaft zurückzubringen, ist abwegig. Im Namen des Monismus ersetzt man die praktische Rationalität des Menschen, der Geschichte macht, durch die Blindheit natürlicher Notwendigkeit.

Falls es wirkliche Dialektik gibt, dann wissen wir, wo wir nach ihrer Grundlage suchen müssen. Wir erklären uns mit der Idee einverstanden, daß der Mensch Materielles unter Materiellem ist. Wir weisen nicht *a priori* die Möglichkeit zurück, daß eines Tages eine konkrete Dialektik der Natur verkündet werden kann. Wohl mag die dialektische Methode für die Naturwissenschaften von heuristischem Wert sein und von den Wissenschaftlern selbst unter der Kontrolle der Erfahrung nutzbar gemacht werden – dialektische Vernunft muß jedoch, anstatt daß man sie sich erträumt, dort aufgesucht werden, wo sie sich uns zeigt. Und sie zeigt sich in den materiellen Bedingungen der Geschichte. Falls man aber mit dialektischem oder historischem Materialismus einen Monismus meint, der dazu dient, die menschliche Geschichte *von außen* zu beherrschen, ohne die Handlungen von Menschen zu erfassen, dann muß man erklären, daß es so etwas nicht gibt.

Engels' Fehler war, daß er meinte, dialektische Naturgesetze aus Verfahrensweisen ableiten zu können, die selbst nichtdialektische waren: Vergleiche, Analogien, Abstraktionen, Indikationen. In Wirklichkeit ist dialektische Vernunft ein Ganzes und muß ihre Grundlage in sich selbst finden, d. h. durch eine dialektische Methode. Angesichts der Polarität von Sein und Erkenntnis läßt sich keines von beiden auf das andere reduzieren. Doch seien wir vorsichtig, daß dieser Dualismus nicht auf irgendeinen versteckten Idealismus hinausläuft. Die einzige Möglichkeit der Existenz einer Dialektik ist selbst dialektisch. Oder anders ausgedrückt: Die einzig mögliche Einheit der Dialektik als fortschreitender Erkenntnis dieser Entwicklung muß selbst die Einheit einer dialektischen Bewegung sein.

Die Dialektik ist das *Totalisierungs*gesetz. Kollektive, Gesellschaften, Geschichte sind Individuen aufgezwungen oder zwingen sich ihnen auf. Doch diese Relationen sind aus Millionen von individuellen Handlungen gewoben. Die Idee, welche Geschichte totalisiert, ist die Resultante der Geschichte; aber die Dialektik ist weder bloß ihr passives Vehikel noch eine transzendentale Fatalität. Sie allein kann jeden Augenblick realisieren und in ihrer Praxis die Dispersions- und Interpretationsanstrengungen vereinen. Daher muß in einer *materialistischen* Dialektik wie in der Hegelschen das Denken sowohl die eigene Notwendigkeit als auch die Notwendigkeit ihres Objektes entdecken.

Es gibt keine den Fakten aufgezwungene Dialektik in der Weise, wie die Kantischen Kategorien sich der Realität aufzwingen. Die Dialektik, wenn sie existiert, ist das singuläre Abenteuer der Beziehungen einer jeden Person zu den Objekten ihrer Erfahrung. Die *Dialektik* zwingt dem historischen Menschen keine Widersprüche auf, nach denen er zu leben hat; aber unter der Herrschaft des Mangels und der Notwendigkeit sind die Handlungen der Menschen von der Art, daß allein die dialektische Rationalität sie intelligibel macht. Zur Notwendigkeit und Intelligibilität der dialektischen Vernunft gesellt sich die Verpflichtung, sie in jedem einzelnen Fall empirisch aufzudecken, und dies läßt sich nur dialektisch erreichen. Nichts kann dialektisch werden, wenn es vom Standpunkt der analytischen Vernunft gesehen wird, d. h. von außerhalb des zu betrachtenden Objekts (z. B. die Passivität des Wissenschaftlers gegenüber einem System und die Passivität des Systems dem Wissenschaftler gegenüber). Die Dialektik enthüllt sich nur einem Beobachter, der innerhalb des Systems situiert ist. Sie ist die lebendige Logik des Handelns. Es liegt an uns zu zeigen, daß sie universell und notwendig als eine Möglichkeit vorhanden ist: als Abenteuer für alle. Sie kann nichts anderes sein als ihre eigene totale Transparenz. Sie ist die Rationalität der Praxis, der Totalisierung, der gesellschaftlichen Zukunft. Das bedeutet: die Erfahrung der Dialektik ist selbst die dialektische Praxis, von der sie hervorgebracht wird.

Das reale Ziel dieser Untersuchung ist theoretisch und kann folgendermaßen als Frage formuliert werden: Unter welchen Bedingungen ist die Erkenntnis von Geschichte generell oder von einem Teilbereich der Geschichte möglich? Welches sind die Grenzen und die Begründung der dialektischen Rationalität?

B. Kritik der kritischen Erfahrung

Zwar können wir die abstrakten Bedingungen, unter denen dialektische Erfahrung möglich ist, benennen, doch läßt dies ihre singuläre Realität unbestimmt. Mit Hilfe welcher spezieller Operationen hoffen wir die Realität des dialektischen Prozesses aufzudecken und zu beweisen? An welchem Punkt müssen sie ansetzen? Wie muß die Versuchsanordnung aussehen? Auf welche Fakten stützen wir uns? Welche Erfahrungen sind entscheidend?

Nun, zunächst einmal wollen wir ein Schema aufstellen, das das komplexe Spiel von Praxis und Totalisierung durchsichtig machen soll. Das Problem besteht darin, eine Kritik der Denkinstrumente zu geben. Falls eine solche Kritik schon selbst ein stichhaltiges Vorgehen ist – was wird dann das Kriterium der Stichhaltigkeit unseres Vorgehens sein?

Die analytisch-positive Vernunft kann die Dialektik nicht intelligibel machen, aber sie kann in Begriffen der dialektischen Vernunft verstanden werden. Die Validität der dialektischen Vernunft kann, weil die »Prinzipien« der dialektischen Vernunft nicht in den Rahmen irgendeiner anderen Form von Vernunft fallen, durch keine andere Form der Vernunft validiert werden: Die »Prinzipien« der dialektischen Vernunft sind weder »Gesetze« noch einfach »Gegebenes«, noch induzierte Regeln, noch Kategorien. Die grundlegende Intelligibilität der dialektischen Vernunft ist, falls sie existiert, die einer Totalisierung. Daher lautet die zentrale Frage der kritischen Erfahrung: Existiert ein Bereich des Seins, in dem die Totalisierung *die* Form von Existenz ist?

»Totalität« und »Totalisierung« müssen deutlich unterschieden werden. Totalität ist etwas Erledigtes, Abgeschlossenes. Die den Anschein einer Totalität erzeugende synthetische Einheit kann nur Sediment oder Spur eines vergangenen Aktes sein; es gibt viele Pseudo-Totalitäten: sie lasten auf unserem Schicksal durch den Gegensatz von Praxis (die Arbeit, die sie hervorgebracht hat) und Trägheit (die Arbeit, die sie in Gang setzen, um sich selbst zu erhalten). Die kritische Erfahrung liegt innerhalb einer Totalisierung: sie ist sowohl totalisierender Akt als auch ihre eigene Totalisierung. Der Totalisierungsakt kann nicht unabhängig vom Totalisierten und außerhalb des Totalisierten sein. Er ist ein reales Moment der Totalisierung, so wie sich diese in allen ihren Teilen verkörpert und sich als synthetische Erkenntnis ihrer selbst realisiert. Deshalb ist die Erfahrung der dialektischen Beziehung zwischen Erkennendem und Erkanntem selbst eine dialektische Erfahrung. Der Bereich, in dem Totalisierung *die* Form von Existenz ist, ist die menschliche Geschichte.

Geschichte muß immer aufs neue geschrieben, d. h. detotalisiert und retotalisiert werden, weil Geschichte als Totalisierung ständig veraltet ist. Sie wird niemals zu einem Abschluß gelangen, es sei denn, die Zeit bliebe stehen. Folglich ist das Individuum der einzig mögliche methodologische Ausgangspunkt. Durch seine Praxis ist die Dialektik nicht das Ergebnis der Geschichte, sondern die ursprüngliche Bewegung ihrer Totalisierung durch das Individuum auf der Basis ihrer Totalisierung durch es.

Teil 1: Von der individuellen Praxis zum Praktisch-Inerten

A. Von der individuellen Praxis als Totalisierung

Wenn die Dialektik möglich ist, müssen wir vier Fragen stellen: 1. Welcher Art ist Praxis als Erfahrung der Notwendigkeit und der Freiheit? 2. Auf welche Weise werden Totalitäten totalisiert? 3. Was ist geschichtliche Zukunft? 4. Was ist die Materialität von Praxis und anderer Formen von Materialität?

Der Mensch wird in genau dem gleichen Maße durch Dinge vermittelt, wie Dinge durch den Menschen vermittelt werden. Damit haben wir ein Beispiel für die Zirkularität des dialektischen Denkens von uns. Es handelt sich nicht um eine Wahrheit, sondern um eine Denkweise, deren wir uns bedienen müssen, wenn der menschliche Schauplatz intelligibel werden soll. Und diese Intelligibilität ist, wie wir gesagt haben, primär eine Frage des Verstehens, wie eine Vielfalt als etwas Totales, als Ganzes, ob nun als ganzes Subjekt oder als ganzes Objekt, konstituiert wird: Eine Totalisierung ist die vereinigende Organisation einer Vielfalt, der menschliche Schauplatz ist eine Vielfalt solcher Organisationen. Wer aber totalisiert was?

Die ursprüngliche totalisierende Beziehung des materiellen Wesens Mensch zur materiellen Welt, dessen Teil er ist, wird als *Bedürfnis* definiert. Das Bedürfnis stellt die Verinnerlichung eines äußeren Mangels im Gesamtfeld der Befriedigungsmöglichkeiten des Menschen dar, der das Bedürfnis hat. An irgend etwas ist Mangel, irgend etwas fehlt oder ist knapp. Es gibt nicht genug davon. Ich habe irgend etwas nicht erhalten. Es besteht Mangel an etwas, das ich nicht erhalten habe. Das Bedürfnis detotalisiert die volle, indifferente, persistierende Totalität des Anorganischen. Diese Detotalisierung ist eine einseitige, nichtreziproke Beziehung. Durch die Aufhebung eines jeden Teilmoments wird eine dialektische Logik der Totalisierungen in Gang gesetzt. Das Feld meiner Praxis wird folglich als Einheit der Ressourcen und Mittel zur Bedürfnisbefriedigung totalisiert: Dieses Feld bildet eine Vielfalt von Ressourcen und Mitteln, die als Einheit eines instrumentellen Feldes verstanden wird. Nur die Praxis bestimmt die Zonen, Systeme, bevorzugten Objekte in dieser Totalität. Der Körper hat, insofern er funktioniert, ständig ein Bedürfnis. Der Körper ist Funktion. Funktion ist Bedürfnis. Bedürfnis ist Praxis. Praxis als Bedürfnis ist Arbeit, d. h. die Dialektik der menschlichen, organischen Praxis und des Anorganischen. Die analytische Vernunft vermag nur ein einziges Moment dieser Dialektik zu einem Zeitpunkt zu begreifen. Wenn wir diese *Moment für Moment* begreifen, bedienen wir uns, um eine dialektische Situation zu verstehen, der dialektischen Vernunft.

B. Von den menschlichen Beziehungen als Vermittlung zwischen den verschiedenen Sektoren der Materialität

Der isolierte Arbeiter ist natürlich eine Abstraktion. Der Mensch ist immer in anderen Menschen und durch andere Menschen zur Materialität in Beziehung gesetzt, d. h. die menschlichen Beziehungen vermitteln das materielle Feld, das wir soeben beschrieben haben. Anders ausgedrückt: Dieses Feld hat für eine Anzahl von Menschen stets eine polyvalente Reihe von Bedeutungen, was heißt, daß die Beziehungen von Individuen als in diesem und durch dieses materielle Feld Vermitteltes, durch externe Kräfte bedingt, passiv eingegangen werden. An diesem Punkt angelangt, muß man nun sehr deutlich die materiellen Umstände als Bedingungen der Praxis von der materiellen Welt meiner Möglichkeiten unterscheiden, d. h. von dem, was ich anhand meines Plans mittels meiner singulären Totalisierungen dieser Bedingungen aus diesen mache.
Sartre lädt uns ein, zwei Individuen völlig getrennt voneinander zu beiden Seiten einer Mauer und gleichzeitig zu betrachten, z. B. einen Straßenarbeiter und einen Gärtner. Ich kann jeden von beiden bis zu einem bestimmten Punkt auf der Grundlage einer Komplizenschaft, sozusagen mit dem Unternehmen eines jeden von beiden, verstehen. Jede Person ist Mittelpunkt einer anderen Orientierung zur objektiven Welt, Mittelpunkt eines anderen Arrangements. Straßenarbeiter und Gärtner – jeder von beiden wird durch das hervorgebracht, was er selbst tut. Jeder ist Produkt seines Produkts. Beiden

unbekannt, kann ich der Möglichkeit ihrer Beziehung gewahr werden. Durch das, was sie tun, vermag ich zu erkennen, welches die ihre Felder charakterisierenden Vereinigungen sind. Ihre Beziehung zueinander kann als eine wechselseitige Unkenntnis beschrieben werden, was zur Vermittlung einer Beziehung einen Dritten erforderlich macht. Sie können in einer Totalisierung vereinigt werden und werden zwangsläufig in einer Totalisierung vereinigt, die nicht die ihre ist.

Wechselseitige und Dreierbeziehungen sind der Ausgangspunkt bzw. die Grundlage aller Beziehungen, einschließlich sämtlicher Formen von Verdinglichung und Entfremdung. Völlige Wechselseitigkeit würde nur in einer Idealstadt der Ziele möglich sein und ist in der wirklichen Welt, die *a priori* nicht diese ideale Stadt ist, *a priori* unmöglich. Wechselseitigkeit kann positiv oder negativ sein. Bei Wechselseitigkeit kann sich jeder zum Vehikel des Plans des anderen machen, so daß der andere sich zum Vehikel des Plans des ersten machen wird. Es bestehen dann zwei getrennte transzendente Ziele, und die Wechselseitigkeit hat die Merkmale eines *Tauschs*. Oder ein jeder macht sich zu einem einzigen gemeinsamen Ziel, zum Mittel des anderen. Ich nehme den anderen sowohl als Mittel zu einem eigenen transzendenten Ziel wie auch als Erzeuger eines Plans wahr, für den ich ein Mittel bin. Das bedeutet: Ich erkenne ihn als Handelnden einer Totalisierung in seiner Bewegung in Richtung auf seine Ziele in derselben Bewegung, wie diejenige es ist, durch die ich mich auf meine eigenen Ziele zu bewege, und ich entdecke mich als Objekt und Instrument für seine Ziele durch dieselbe Aktion, durch die ich ihn als Objekt und Instrument für meine Ziele konstituiere.

Wird Wechselseitigkeit abgelehnt, so weigert sich jeder, dem Ziel des anderen zu dienen, und indem er seine objektive Rolle als Mittel im Plan des anderen als einem Widersacher wahrnimmt, nutzt er seine eigene Instrumentalität für den anderen aus, um aus ihm ein Instrument für seine eigenen Ziele zu machen: Dies ist Kampf oder Konflikt. Jeder von beiden verwendet vielleicht seine materielle Bedingung, um auf die des anderen einzuwirken; jeder von beiden läßt sich vielleicht durch falsche Vorspiegelung, Tricks, List und Irreführung vom anderen zu einem falschen Gegenstand, zu einem trügerischen Mittel-zum-Zweck des anderen machen. Bei einem solchen Kampf besteht das Ziel nicht darin, den Gegner zu vernichten, den Tod des anderen anzustreben, wie Hegel behauptet – dieser konkrete Antagonismus beruht auf dem Mangel: Sein wahres Ziel ist die objektive *Eroberung.*

Jedes Glied einer Dyade kann über zwei äquivalente Bezugssysteme und zwei äquivalente Handlungen verfügen, doch wird sich vielleicht keines von beiden der Einheit der Dyade bewußt. In der gegenseitigen Anerkennung, die sich in diesen zwei und durch diese zwei synthetischen Totalisierungen vollzieht, liegt die Grenze der Vereinigung. Bei gegenseitigem *Sichrespektieren* bleiben sie *zwei* Handelnde, von denen ein jeder das gesamte Universum einbezieht. Sogar die Intimität, aus dem Bedürfnis nach Nähe, ist Negation der Distanz und ständige Negation der Einheit. Es sind die *Dritten,* die durch die Vermittlung materiell eine Dyade vereinigen. Das Unbelebte ist ein Imperativ. Die Klasse der Gegenstände und ihre Verwendung verwandeln die Menschen, die von ihnen Gebrauch machen, und bestimmen die gegebene Form ihrer Beziehung. Durch den Gebrauch *dieser* Maschine ist *dieser* Mensch ein Arbeiter einer bestimmten Art. In der Fabrik ist das Produkt Kristallisation einer anonymen Arbeit.

Der andere (der Dritte) ist der nicht an der Wechselseitigkeit teilhabende Vermittler der Vereinigung einer Dyade. Die Einheit der Dyade wird für jedes der beiden Glieder durch die Präsenz des Dritten hergestellt.

C. Von der Materie als totalisierter Totalität und von einer ersten Erfahrung der Notwendigkeit

1. Mangel und Produktionsweise

Die Geschichte des Menschen ist nicht einfach tote Vergangenheit, sondern ihre Totalisierung, die sie durch uns in der Gegenwart als Teil unserer Orientierung auf die Zukunft hin darstellt. Sie ist Auslese dessen, was wir erinnern, die totalisierende Aufbewahrung der Vergangenheit in der Gegenwart, ein Filter, durch das alles, was der Vergangenheit angehört, den Menschen der Gegenwart und der Zukunft erreicht. Ob nun die Beziehung eine von Mensch zu Mensch oder von

Mensch zu Materie ist – die Grundbeziehung unserer Geschichte ist die Reziprozität von Bedürfnis und Mangel. Mangel in der materiellen Welt entsteht durch Bedürfnis. Man kann diese Dialektik auch beim Mangel statt beim Bedürfnis beginnend betrachten. Wir können sozusagen von jeder Seite des Kreises her beginnen. Der Mangel ist die Basis für die Möglichkeit unserer Geschichte, nicht ihre konkrete Realität. Um Geschichte hervorzubringen, müssen andere Faktoren gegeben sein, und es besteht die Möglichkeit anderer Geschichten ohne Mangel. Es sind sogar auf Wiederholung beruhende Gesellschaften ohne Geschichte denkbar. Geschichte entsteht aus einem plötzlichen, die Gesellschaft auf allen Stufen Risse zufügenden Ungleichgewicht.

Der Mangel bestimmt, daß die gesamte Welt für jeden ein Konsumtionsobjekt ist. Als solches konstituiert es die negative Einheit der Vielheit der Menschen. Der Verbrauch von irgend etwas *hier und jetzt* verhindert diesen Verbrauch *anderswo* und jetzt und später. Unter der Herrschaft des Mangels gelten die Menschen einander als Bedrohung und als austauschbar. Jeder ist einer zuviel. Der andere ist ein Risiko für mich; ich bin ein Risiko für den anderen.

Die abstrakte, reine, unvermittelte Wechselseitigkeit wird also durch den verinnerlichten Mangel zerbrochen. Bedürfnis und Mangel bestimmen die manichäistische Grundlage des Handelns und der Moral. Der Mangel ist die Grundlage zum Verständnis unserer Geschichte; er bleibt jedoch etwas Zufälliges. Materie, auf die Arbeit verwendet worden ist, trägt den Stempel des Menschen. Sie ist seine Objektivierung. Doch darüber hinaus entfremdet Materie in sich die Handlung, bei der Arbeit auf sie verwendet wird; sie kehrt mittels ihrer Trägheit die Arbeitskraft des anderen gegen jeden Einzelnen. Der kapitalistische Prozeß als eines der möglichen Momente der Entfremdung offenbart die Beherrschung der Materie (des Produktes) durch den Menschen (den Arbeiter) und die Beherrschung des Menschen durch die Materie *durch andere Menschen,* da sein eigenes Produkt ihn zwangsläufig den anderen, für die er ein Überzähliger ist, überantwortet.

2. *Die bearbeitete Materie als entfremdete Objektivierung der individuellen und kollektiven Praxis*

Praxis ist die Instrumentalisierung der materiellen Realität, d. h. sie macht die Materie zu einem Instrument für die Ziele und Zwecke der Menschen. Die grundlegende Frage lautet: Ist der Mensch erst er selbst und dann ein anderer oder erst ein anderer und dann er selbst? Entfremdung kann nur eintreten, wenn der Mensch erst Praxis ist und dann entfremdet wird. Genauso ist die Vorbedingung der Unterdrückung die Freiheit, die unterdrückt wird. Der Mensch lebt in einer Welt, in der die Zukunft ein Ding, die Idee ein soziales Faktum geworden ist. Dies wird als Entfremdung intelligibel, und Entfremdung wird intelligibel als von Praxis entfremdete Praxis. Der Mensch ist selbst materielle Realität, jene materielle Realität, durch die die Materie ihre menschlichen Funktionen und Bedeutungen erhält.

Materie ist, *für den Menschen und durch den Menschen*, der Motor der Geschichte und konstituiert eine gemeinsame Zukunft. Wie die steinernen Götter, die Gedenktafeln, die Überreste vergangener objektivierter Praxis ist Materie das gesellschaftliche Gedächtnis eines Kollektivs, eine transzendente, dennoch innere Einheit, eine aus einer Vielheit zerstreuter Aktivitäten hergestellte Totalität. Sie ist die geronnene Zukunftsdrohung (der Vorrat an Bomben). Sie verbindet die Menschen, indem sie das Bindeglied liefert – das Bindeglied, durch das ich über die Objektivierung meiner selbst ein anderer für den anderen werde. Der Mensch als Produkt seines Produkts lebt mit der Materie in einer unauflöslichen Symbiose.

Bis hierher haben wir den Menschen als Praxis betrachtet, als jemanden, der Bedürfnisse hat, als ein Objekt, dessen man bedarf, d. h. als Mangel. Wir dürfen indessen nicht vergessen, daß, insoweit der Mensch von der Materie beherrscht wird, er nicht einfach aus einem Bedürfnis heraus handelt, sondern in Reaktion auf die praktischen Forderungen, die seinem Empfinden nach das unbelebte Objekt an ihn stellt. Bis hierher auch haben wir die Materialität als Vermittler der lebendigen Beziehungen zwischen den Menschen betrachtet. In komplexen Gruppen füllen natürlich die Teilungen, Trennungen die lebendigen Verbindungen zwischen den Einzelnen durch eine mecha-

nische Anweisung. Die Entwendung seiner Praxis durch die
Materie und die Praxis anderer macht das Schicksal des Menschen zur mechanischen Fatalität. Der Widerspruch des Klas-
seninteresses, im marxistischen Sinne, offenbart sich in dem individuellen oder kollektiven Versuch, das ursprüngliche und
einseitige Bindeglied zwischen Mensch und Materie zu finden,
d. h. sich selbst als frei konstituierende Praxis wiederzuentdecken; aber das Interesse ist sowohl Selbstabweichung als auch
durch die Materie bewirkte Versteinerung dieses Versuchs.

*3. Von der Notwendigkeit als neuer Struktur der dialektischen
Erfahrung*

Die einzige konkrete Basis einer historischen Dialektik ist die
dialektische Struktur der individuellen Handlungen. In der
dialektischen Struktur der menschlichen Interaktion gibt es
zwei Formen von Notwendigkeit. Beide sind sie Formen der
Entfremdung, und Sartre sieht sie, da sie *a priori* notwendig
sind, als primär an. Er nennt sie *Alteration* und *Objektivierung*.
Notwendigkeit darf nicht mit Zwang verwechselt werden. Die
Grunderfahrung der Notwendigkeit muß durch Handeln ohne
Zwang gemacht werden. Eine Form solchen Handelns ohne
Zwang ist gegeben, wenn man etwas in bezug auf einen anderen tut. In keinem Fall ist das Resultat jemals mit der Absicht
des Handelnden identisch; eine Alteration tritt auf, wenn mein
Handeln von einem Mein-Handeln-für-mich zu einem Mein-
Handeln-für-dich übergeht. Aus einem Mein-für-mich wird es
ein Anderes-für-den-anderen. Den strukturellen Aspekt des
Übergangs vom Selbst-für-selbst zu einem Anderer-für-den-
anderen und umgekehrt nennt Sartre »Alterität«, die Bewegung »Alteration«. Man sieht, daß in einer Beziehung vom
Typ der menschlichen Interaktion die Alteration ein wichtiges
Merkmal ist. Notwendigkeit ist in der Erfahrung auch gegeben, wenn bearbeitete Materie uns unserer Handlung be-
raubt, nicht insofern sie reine Materialität ist, sondern als materialisierte Praxis. Wir haben diese Form zwangsläufiger Entfremdung bereits dargestellt. Der Mensch wirkt auf Materie
ein, totalisiert Materie auf den Menschen. Ob nun durch Alteration oder Objektivierung in materialisierte Praxis – das Re-

sultat ist stets mehr oder weniger etwas anderes als die Intention.[2] Doch der Mensch ist nur als seine Objektivierungen und in seinen Alterationen als Anderer-für-einen-anderen betroffen.

Wir werden später im Zusammenhang der von Sartre beschriebenen Gruppen sehen, daß diese beiden Aspekte der primären Entfremdung nicht von äußerlichen Zwängen induziert sind. Die elementare Erfahrung der Notwendigkeit ist die einer rückwirkenden Kraft, die meine Freiheit untergräbt. Diese Negation von Freiheit innerhalb von Freiheit, diese *primäre Entfremdung* (Objektivierung und Alteration) ist zu unterscheiden von Entfremdung im marxistischen Sinne, die mit Ausbeutung beginnt.

Jeder von uns verbringt sein Leben damit, sein Bild anderen Personen und Dingen aufzuprägen. Dieses aufgeprägte Bild, das fasziniert und verwirrt, wenn man durch es verstanden werden oder sich selbst durch es verstehen will, ist seinerseits Objektivierung und Alteration.

4. Vom gesellschaftlichen Sein als Materialität

Wie Marx gezeigt hat, ist der Kapitalismus eine antigesellschaftliche Kraft: er uniformiert die Menschen, und diese werden im gesellschaftlichen Feld durch die Produktionsweise totalisiert. Der Existentialismus nun verneint die Existenz vorgeformter menschlicher Charaktere. Man ist kein Feigling oder Dieb. Kann man dann überhaupt noch sagen, daß man zu einem Bourgeois gemacht wird? Zweifellos. Feigheit, Mut sind bequeme Vereinfachungen dessen, was von komplexen Aktivitäten übriggeblieben ist. Sie haben nichts mit Klassenzugehörigkeit zu tun. Der Lebensweg einer Arbeiterin in den Dop-Shampoo-Werken ist allgemein prädeterminiert. Die Arbeiterin *verwirklicht* in ihren sexuellen Beziehungen, ihren Schwangerschaften und Abtreibungen durch sich selbst, was sie *bereits ist;* sie fällt gegen sich selbst ein Urteil, das durch den gesamten Nexus von sozioökonomischen Bedingungen, in den hinein sie geboren wurde, bereits gefällt worden ist.

2 Obgleich Ergebnis, soweit man weiß, und Intention, soweit einem das reflektiv bewußt ist, zu bestimmten praktischen Zwecken weitgehend übereinstimmen.

Die Bedingungen meiner Klasse zu überschreiten bedeutet, sie immer stärker zu verwirklichen. Meine Klassenzugehörigkeit ist meine vorgefertigte Zukunft.

D. Die Kollektive

Alle sozialen Gegenstände haben eine kollektive Struktur und werden als solche von der Soziologie begriffen. Sartre sieht in ihnen materielle Gebilde, Produkte bereits der menschlichen Arbeit und schließlich praktische Realitäten, insofern sie in und durch sich selbst die gegenseitige Durchdringung einer Vielheit unorganisierter Individuen verwirklichen.

Eine Gruppe ist eine Unternehmung, die sich in einer konstanten Integrationsbewegung befindet. Aber gerade so, wie das Individuum nur durch das definiert werden kann, was es getan hat, läßt sich das Kollektiv durch sein *Sein* definieren, insofern alle Praxis zu *Hexis*[3] umgewandelt ist. In dieser Beziehung kann man eine Gruppe als *materiellen Gegenstand des gesellschaftlichen Feldes* betrachten. Mit Hilfe einer Gruppe kann eine gesonderte Vielheit von handelnden Personen durch gemeinsames Handeln eine Struktur herstellen, die sie als eine Einheit konstituiert.

Hier sind wir bei einem neuen Moment der Spirale angelangt. Wir entdecken dieselben, durch weitere partielle Totalisierungen und weitere wechselseitige Bedingtheiten bereicherten Begriffe. Insofern ich, wie Sartre schreibt, dich in meine Totalisierung einbeziehe und du meine Totalisierung von dir in deine Totalisierung von mir einbeziehst und ich wiederum deine Totalisierung meiner Totalisierung von dir totalisiere usf., darf man ein Wechselverhältnis ein Interioritätsverhältnis nennen. Ein solches Interioritätsverhältnis steht einem Exterioritätsverhältnis gegenüber. Zwei Menschen als zwei Zentren der Totalisierung und als zwei getrennte, einander äußerliche Gegenstände treten gleichzeitig durch Interiorität und Exteriorität miteinander in Beziehung. Die ersten Schritte, um die Bildung menschlicher Gruppen zu verstehen, müssen darin bestehen, die einfachsten Möglichkeiten zu verfolgen, die eine

3 Sartre verwendet das griechische Wort ἕξις = permanente Beschaffenheit, permanenter Zustand.

Wahl zwischen Wechselseitigkeit als Interioritätsverhältnis und Isoliertheit als Exterioritätsverhältnis sichtbar machen. Wie immer in der Spirale der Dialektik bildet eine solche Wahl die Grundlage eines neuen Verhältnisses. Das ist es, was Sartre *Serialität* nennt.

Eine Ansammlung von Leuten, die durch Serialität gekennzeichnet sind, wollen wir als *Serie* bezeichnen. Die Umwandlung einer Vielheit in eine Serie wird *Serialisierung* genannt. Stellen wir uns eine Ansammlung von Personen vor, die auf einen Bus warten. Ihre Verbundenheit kann von außen im Sinne von Isoliertheit, Wechselseitigkeit, Vereinigung erkannt werden. Sie sind eine Vielzahl von isolierten Einzelnen. Die Isoliertheit jedes Einzelnen wird im Plan eines jeden als seine negative Struktur erfahren: Ich habe mit dir nichts zu tun. Sie ist vom Standpunkt eines jeden Einzelnen die provisorische Negation ihrer möglichen Wechselbeziehungen. Diese Pluralität von Trennungen ist die negative Seite der Integration eines jeden Individuums in seine eigene separate Gruppe (Bankangestellter, Hausfrau usw.). Das eilig ins Büro strebende Mädchen, der von der Zeitungslektüre völlig in Anspruch genommene Mann und die anderen in der Schlange – sie alle erleben ihre gegenwärtige Beziehung zueinander als Glieder der Schlange negativ, d. h. sie nehmen keine Beziehung miteinander auf außer als Nummer in einer quantitativen Serie. Meine besondere Isoliertheit verwirkliche ich durch mein Verhalten, und die Schlange an der Bushaltestelle ist, weil durch den Isolierungsplan eines jeden Einzelnen die Wechselseitigkeit negiert ist, wechselseitige Isoliertheit. Das heißt: Isoliertheit ist das erste Merkmal der Serialität.

Die Personen einer seriellen Gruppe sind ferner durch ihre Austauschbarkeit charakterisiert. Sie sind in ihrer Absonderung identisch. Alle Personen in der Warteschlange haben ein künftiges Objekt gemeinsam. Insofern dies so ist, ist jeder der gleiche wie der andere. Auch in anderer Hinsicht ist jeder der gleiche wie der andere, denn so wie es Identität durch Austauschbarkeit und Absonderung gibt, so gibt es auch Identität als Alterität: Der andere, der jeder für den anderen ist, ist der gleiche. Jeder ist einer zuviel.

Die serielle Ordnung wird durch ein materielles Objekt bestimmt; vielleicht ist kein Platz für alle da. Jeder ist für den

anderen *überzählig*. Doch ist es unmöglich, a priori oder anhand irgendwelcher wesentlicher Qualitäten des Einzelnen zu
entscheiden, wer nun spezifisch überzählig ist. In der Serie ist
die Alterität sozusagen perfekt. Jeder ist für den anderen der
andere, insofern er der andere ist. Keiner von ihnen verfügt
in sich über den Grund für seinen Platz in der seriellen Ordnung. Jeder ist mit dem anderen identisch, sofern er von den
anderen zu einem anderen gemacht ist, der auf die anderen
einwirkt. Das Ding (der Bus) als das, was allen in der Serie gemeinsam ist, bringt die Serie praktisch hervor. Die Serie wird
stets von einem gemeinsamen Objekt konstituiert. Es gibt serielle Verhaltensweisen, serielle Gefühle, serielle Gedanken. *Die
Serie ist eine Seinsweise von Individuen* – eine Seinsweise, die
die seriellen Individuen in allen ihren Strukturen verwandelt.
Wir haben oben gesagt, daß eine Serie ihre vorübergehende
Einheit durch ein allen Gliedern der Serie gemeinsames Objekt findet. In einer Vielheit und unter besonderen Umständen
kann *der andere* das allen Gemeinsame werden. Der andere
bin ich in jedem anderen und jeder andere in mir und jeder
als anderer in all den anderen. *Der* Jude, *der* Kleinbürger, *der*
Handarbeiter – das sind nicht bloß Ideen, sondern einheitliche,
von seriellen Gruppen angenommene und serielle Gruppen
vereinende Objekte. *Der* Jude ist nicht *der Typus,* sondern
das ständige Außer-sich-Sein-im-anderen. »Die Juden« bezeichnet eine von den Anti-Juden konstituierte Gruppierung.[4]
Anders ausgedrückt: Die Glieder einer Serie sind sozusagen
Anhängsel ihres gemeinsamen Phantasieobjekts.
Die serielle Kollektivität ist eine Form sozialer Beziehungen,
die eine ursprüngliche synthetische Praxis voraussetzt – eine
Praxis, deren Ziel die Erzeugung von Einheit durch den Menschen als ihre Objektivierung im Menschen und durch den Menschen ist. Die Totalität der Serie (z. B. der Anti-Semiten) stellte
eine falsche Wechselseitigkeit zwischen dem materiellen Objekt
und der Vielheit der Menschen her. Die Anti-Semiten sind eine
Vielheit von Menschen. Was sie gemein haben, ist ein gemeinsames Objekt: die Juden. »Die Juden« stellt für jeden Anti-Juden das eigene Anti-Selbst dar. Jeder Anti-Semit erkennt seine
Identität mit den anderen, die ihr Anti-Selbst mit ihm gemein-

---

4 Das bedeutet: Die Anti-Semiten sind die Serie, die durch ein gemeinsames
»Objekt« – die Juden – vereint ist.

sam haben. Dieses gemeinsame negative Objekt ist der Stempel oder die Markierung, die alle Anti-Semiten miteinander teilen. Das negative Objekt ist ihr Zeichen oder Symbol der Vereinigung. Allerdings ist diese Vereinigung die Vereinigung einer Serie, d. h. einer Vielheit, in der jeder Einzelne identisch, austauschbar, unwesentlich, abgesondert und isoliert ist.[5]

Das soziale Feld der Serien ist die Einheit des Andersseins, eine Quasi-Pluralität. Sie ist etwas, das entschwindet: Einheit als etwas Abwesendes. Die Totalität der anderen bildet das Milieu und den allgemeinen Bedingungsfaktor des seriellen Verhaltens. Diese entschwindende Totalität ist jedoch keine positive und konkrete Totalität, sondern eine negative. Das serielle Objekt als das jedem Glied der Serie Gemeinsame und daher die Voraussetzung für ihre Einheit ist in der Tat der Index für die Trennung der Serienglieder.

Wenn wir eine gesellschaftliche Klasse unter den Aspekten des praktischen Feldes betrachten, so erkennen wir, daß sie in hohem Maße eine Serie ist, und der Klassenstatus in gewissem Maße das Serialitätsstatut[6], das der sie bildenden Vielheit auferlegt ist.

Die serielle *Idee* ist kein bewußtes Moment der Aktion. Der Beweis, daß eine serielle Idee vorliegt, ist meine doppelte Unfähigkeit, sie zu verifizieren oder sie bei den anderen umzuwandeln. Ihre Undurchschaubarkeit, meine Ohnmacht, sie bei den anderen zu verändern, fehlender Zweifel an ihr bei mir und bei den anderen gelten als Beleg für ihre Echtheit. Solche seriellen Ideen sind die des Rassismus und des Kolonialismus.

Im *Kapital* spricht Marx von der Atomisierung, Vergegenständlichung und Trennung der Menschen und zeigt, daß es zu

5 Es muß bedacht werden, daß Sartre hier keine konkrete Gruppe beschreibt. Er will zeigen, daß Serialität einer von mehreren Aspekten der konkreten Realität von »Anti-Semiten« ist.
6 Ist erst einmal eine bestimmte Form von Beziehung hergestellt, so folgen aus der Struktur dieser besonderen Form von Sozialität gewisse allgemeine Konsequenzen. Der Begriff »Statut« benennt jenes Ensemble von Konsequenzen, die entstehen, wenn man eine bestimmte Form von Sozialität von vornherein als Ausgangspunkt wählt. Wenn man auf diese Weise ein Gesellschaftssystem konstituiert hat, so kann man sich seine Konstituierung als Ausgangspunkt für eine zweite dialektische Bewegung oder Serie von Bewegungen vorstellen, die unter dem Statut bzw. den Vorschriften des betreffenden konstituierten Systems auftritt.

gemeinsamen Anstrengungen von Individuen im serialisierten Kollektiv nicht kommen kann: Der Kampf des Arbeiters im Kapitalismus des 19. Jahrhunderts war ein Kampf gegen sein Schicksal als Objekt. Die für ihn notwendige Negation war die seines Schicksals als eines Objekts, die Negation also der Vielheit-als-Serie, von der er ein Teil war. Diese Negation ist der Anfang dialektischer Erfahrung.

In Wirklichkeit gibt es *zwei Dialektiken:* die der individuellen Praxis und die der Gruppe als Praxis, d. h. das soziale Feld wird durch die individuelle und die Gruppen-Praxis negiert und ist seinerseits die Negation sowohl der individuellen Aktion als auch der Gruppen-Praxis. Dies haben Marx und Engels nicht hinreichend berücksichtigt. Ihr Fehler beginnt damit, nicht erkannt zu haben, daß alle Objektivierung Alteration ist. Jede Objektivierung wird eine *andere,* da sie ein Objekt im freien Feld der Aktion des anderen ist. Dies ist die Freiheit, welche die Freiheit begrenzt. Hegels Versäumnis besteht darin, nicht erkannt zu haben, daß Materialität das notwendige Zwischenglied zwischen zwei Freiheiten ist. Die erste Entfremdung (durch Objektivierung und Alteration) ist, daß die eine Praxis der anderen den Sinn stiehlt oder sie zumindest verändert. Nun gibt es eine einseitige und daher unzweideutige Beziehung des Produkts zum Produzenten, aber auch eine zweiseitige und daher möglicherweise mehrdeutige Beziehung des Produkts zum Produzenten oder Käufer. Somit wird der Produzent durch seine Objektivierung in seinem Produkt gegenüber dem Käufer möglicherweise anders zum Ausdruck gebracht, als er durch sein Produkt gern zum Ausdruck gebracht werden möchte. Das folgende Schema soll diese Zusammenhänge aufschlüsseln:

1. Das einseitige Interioritätsverhältnis innerhalb der freien Praxis als Vereinigung des Feldes;
2. das zweiseitige Verhältnis einer Vielheit praktischer Aktivitäten, von denen jede die Freiheit der anderen in Frage stellt durch die Umwandlungen, die sie dem Gegenstand aufzwingt. Die Praktiken sind zugleich negative Wechselbeziehungen, also Interioritätsbeziehungen und, durch die Vermittlung des Gegenstands, indirekte Exterioritätsbeziehungen;
3. die Umwandlung jeder freien Praxis in Hexis;
4. die Umwandlung jeder Hexis in passive Aktivität durch die

freie Praxis des anderen, dessen Pläne und Perspektiven andere sind;

5. die Umwandlung eines jeden in aktive Passivität durch die passive Aktivität des Gegenstands.

Wir alle werden in Familien hineingeboren, die durch Serialität zerrissen sind. Freiheit kann nur die Notwendigkeit bedeuten, die Notwendigkeit durch Praxis zu erfahren. Es gibt keine Chance, sich da herauszuhalten oder dem zu entkommen.

Dies führt uns zu den Anfängen des historischen Unternehmens. Da diese neue Dialektik in erster Linie durch die von menschlichen Individuen konstituiert wird, sprechen wir mit Sartre von einer *konstitutiven Dialektik* (deren Ausgangspunkt die Praxis von Individuen ist) und von einer *konstituierten Dialektik* (deren Ausgangspunkt die Praxis von Gruppen ist).

Teil 2: Von der Gruppe zur Geschichte

A. Von der Gruppe. Die Äquivalenz der Freiheit als Notwendigkeit und der Notwendigkeit als Freiheit. Grenzen und Geltungsbereich jeder realistischen Dialektik

Eine *a-priori*-Notwendigkeit dafür, daß aus einer Vielheit eine Gruppe hervorgeht, besteht nicht. Man kann jedoch sagen, daß die charakteristische negative Einheit der Serie die Elementarvoraussetzungen für die Möglichkeit liefert, daß ihre Glieder eine Gruppe bilden.

Sartre betrachtet eine Reihe von Möglichkeiten, wie eine Vielheit von Personen ihre praktische Einheit erreicht bzw. von anderen als soziale Einheit wahrgenommen wird. Der Irrtum, dem man gleich zu Anfang aus dem Wege gehen sollte, ist der des organistischen Idealismus, der die Gruppe als Hyperorganismus definiert. Man erliegt hier einer Wahrnehmungstäuschung: Die außerhalb der Gruppe Stehenden sehen die Gruppe und wirken auf sie ein, als wäre sie eine organische Totalität.

Nun müssen historisch unvereinigte Vielheiten historisch nicht unbedingt Gruppen vorangehen, und wenn sie auftreten, schlummert in ihnen nur die Möglichkeit – nicht die Notwendigkeit – einer Vereinigung ihrer Glieder. Sartre zufolge ist die *Auflösung* einer Gruppe jedoch *a priori* intelligibel. Um die Bedingungen und die Grenzen dieser Intelligibilität festzulegen, untersucht er zunächst ephemere Gruppen, die sich schnell formieren und schnell auflösen, und wendet sich dann schrittweise den zentralen Gruppen der Gesellschaft zu.

Worin besteht die Intelligibilität des Ursprungs der Umwälzung, die das bloße Kollektiv durch eine gemeinsame Praxis zerreißt? Der Sinn der Realität ist das Unmögliche, der Koeffizient des meiner Praxis entgegenstehenden Widerstands. Die Umwandlung, die meine Praxis fordert, besteht darin, daß das Unmögliche das unmöglich zu Akzeptierende wird. In diesem Moment wird die Unmöglichkeit, zu ändern, die Unmöglichkeit, zu leben.

Wir haben gesehen, daß in der einfachsten Form des Kapitalismus die Gesamtheit der Produktionsmittel den anderen gehört und daß dies dem Proletariat seine ursprüngliche Serialitätsstruktur verleiht. Wie nun verwandelt sich eine solche Serie in eine Gruppe? Was geschah am 12. Juli? Da nämlich reagierte jedes Glied von dem, was vorher eine Serie gewesen war, auf eine neue Weise: weder als Individuum noch als anderer, sondern als die singuläre Verkörperung der gemeinsamen Person. Diese neue Reaktion hat nichts Magisches, sondern spiegelt die Vergewisserung einer verlorengegangenen Wechselseitigkeit wider. In der Apokalypse[7] löst sich die Serie in die *fusionierende Gruppe* auf. Diese Gruppe ist, wie auch die Serie in den abstrakten Formen, die wir bislang beschrieben haben, amorph, doch ist sie immer *hier*, nicht anderswo, und *jetzt*, nicht dann.

Wie entsteht eine Gruppe durch andere Gruppen? Anders ausgedrückt: Unter welchen Bedingungen kann sich eine Serie in eine Gruppe verwandeln? Liegt die Instrumentalität für diese Umwandlung in der Serie selbst? Um hierauf eine Antwort vorzubereiten, müssen wir uns näher mit dem Gegensatz von Einheit und Alterität befassen. Wir müssen den Begriff des »dritten« Menschen einführen, den wir einfach »den Dritten« nennen wollen. Der Dritte ist nicht die Totalität, die er totalisiert; vielmehr verwirklicht er sich durch die Bedrohung, die er zusammen mit den anderen, von ihm Betrachteten erleidet, als in die Totalität, die er totalisiert, integriert. Das ist es, was in Serien geschieht, wenn sie in Massenpanik geraten (Seuchen usw.). Die Gruppe muß daher als Objekt-Gruppe und Subjekt-Gruppe unterschieden werden. Es ist der Fehler vieler Soziologen, die Gruppe als eine Zweierbeziehung (Individuum-Gesellschaft) aufzufassen, während es sich stets um eine Dreierbeziehung handelt: Jedes Mitglied der Gruppe ist ein Dritter, der die Wechselbeziehungen eines jeden zu den anderen totalisiert und wiederum in die Totalisierungen der anderen als Drittes einbezogen ist. *Die Beziehung des Dritten zum Dritten ist jedoch nicht seriell*; sie ist die doppelte Vermittlung der Gruppe zwischen den Dritten und eines jeden Dritten zwischen der Gruppe und den anderen Dritten.

---

7 Sartre nimmt hiermit einen Begriff von Malraux *(Die Hoffnung)* auf *(Anmerkung d. Übers.).*

Das erste Moment der Vermittlung (die Gruppe als Vermittler zwischen Drittem und Drittem) wird bei der Wiedergruppierung nach einer Flucht sichtbar. Hundert Menschen sind fortgerannt. Jeder zählt sich zu der Gruppe hinzu, wodurch die Gruppe in mir und im anderen, durch mich im anderen, durch den anderen in mir wächst.

Das zweite Moment der Vermittlung liegt vor, wenn der Dritte ein Ziel für die Gruppe gesetzt hat oder der Organisator von Hilfsmitteln für die Gruppe ist. Indem ich der Gruppe etwas zu tun gebe, gebe ich den anderen eine Möglichkeit, der Gruppe zu dienen. Das In-der-Gruppe-Sein eines jeden Einzelnen ist somit durch die Praxis eines regulativen Dritten vermittelt.

Wir haben jedoch noch nicht die Frage nach der Intelligibilität der fusionierenden Gruppe beantwortet. Das zentrale Problem ist die zirkulierende Einheit der verschiedenen Synthesen, der Vielheit von Vereinigungen. Bringen diese Synthesen *die* Synthese hervor?

Die Intelligibilität der neuen Struktur, die innerhalb jeder Synthese und aller Synthesen ist, beruht auf zwei Grundprinzipien: 1. Die Allgegenwart ist eine Allgegenwart der Praxis, eine ablaufender Handlungen. 2. Die Allgegenwart ist deshalb eine der Freiheit: Die fusionierende Gruppe ist die Auferstehung der Freiheit. Das bedeutet: Die Intelligibilität der fusionierenden Gruppen ist als individuelle Praxis gegeben, die sich offen in eine kollektive Praxis verwandelt. Diese kann auf verschiedene Weisen ausgedrückt werden. Sie ist die Negation der Alterität, die selbst eine Negation ist. Sie ist die Negation der Unmöglichkeit, Mensch zu sein. Jede Praxis prophezeit die Zukunft, die Terror, Hoffnung und Gewalt mit sich bringt. In einer entfremdeten Gesellschaft kann Freiheit nur entfremdet offenbart werden: Mit der voranschreitenden Verwirklichung der Freiheit kann diese sich nicht länger verleugnen. Freiheit ist unmöglich; doch einmal verwirklicht, wird sie als etwas Notwendiges realisiert. Freiheit wird zur Notwendigkeit. Die Umwandlung von der Serie zur Gruppe bringt *Hoffnung* und *Terror, Freiheit* und *Gewalt* – sie alle finden wir in jeder revolutionären Aktivität unauflöslich vereinigt.

Wir wissen noch immer nichts über die Geschichte, über die Totalisierung der Totalisierungen und darüber, wie die Gruppe durch Auseinanderbrechen oder durch Verknöcherung (Trägheit) vom Verschwinden bedroht ist.

Begeben wir uns zurück, um zu untersuchen, was mit den Beziehungen der Individuen untereinander geschieht, und zwar als totalisierende und totalisierte Individuen und nicht als Anwesenheit der totalen Praxis *hier,* wie wir es gerade getan haben. Wenn wir uns an unsere Grunddefinition von Intelligibilität erinnern, so ist die Gruppe intelligibel, wenn sie eine Praxis hat, d. h. wenn sie eine Dialektik in Gang setzt. Wir erkennen, daß die Gruppe in bestimmter Weise tatsächlich handelt. Sie kann ihr Objekt totalisieren, ein totales Ziel verfolgen. Die Praxis der Gruppe ist dialektisch. Doch die Gruppe ist nicht einfach eine Erweiterung der individuellen Praxis. Obwohl dialektisch, ist die Gruppenpraxis nicht dieselbe Art Praxis wie die eines Individuums. Die Gruppe ist kein Superindividuum. Sartre spricht von zwei Dialektiken: der *konstituierten* Dialektik der Gruppenpraxis und der *konstituierenden* Dialektik der individuellen Praxis. Ist die fusionierende Gruppe einmal zustande gekommen, so wird sie mit Einheit und/oder Differenzierung, Dauerhaftigkeit und Auflösung konfrontiert. Welches sind hier die Intelligibilitätsformen der verschiedenen möglichen Praktiken?

Es existiert ein dialektisches Problem der Einheit und der Differenzierung. Beide sind auf die Praxis zurückführbar; aber sind diese beiden Praktiken überhaupt miteinander vereinbar? Wenn die Gruppe weiterbestehen soll, muß diese Schwierigkeit gelöst werden. Das Bewußtsein der Gruppe als eines Ganzen, das unsere Praxis erfordert, um sie zu schützen, ist ein neuer Schritt zu einer neuen Form der Gruppenintegration.

Die überlebende Gruppe ist zunächst die praktische Erfindung eines jeden durch jeden anderen. Sie ist Freiheit, die untätig werden möchte, *Praxis,* die einen Weg sucht, sich in *Hexis* zu verwandeln. Wenn eine Vielheit von Freiheiten gemeinsame Praxis macht, um eine Basis für das Fortbestehen der Gruppe zu finden, erzeugt sie durch sich selbst eine Wechselseitigkeit, die durch ihre eigene Trägheit vermittelt ist. Diese neue Form der Wechselseitigkeit nennt Sartre *Eid*.[8] Der Eid kann von verschiedener Art sein. Der historische Akt der Eidesleistung ist

---

8 Frz. *serment:* Sartre spricht von *assermentation* und *groupe assermenté.*

nicht die notwendige Form des Eides. Man kann den Eid als Widerstand der überlebenden Gruppe gegen die Trennungsaktion, das Sichentfernen oder die Differenzierung betrachten. Paradoxerweise bezeichnet der Eid, als Vorkehrungsmaßnahme für die Stabilität und als Zukunftsversprechen, die Basis aller Separation und Differenzierung. Der Eid ist jedoch kein Gesellschaftsvertrag im Sinne Rousseaus, sondern der notwendige Übergang von einer unmittelbaren Form der Gruppe, die sich aufzulösen droht, in eine andere, reflektivere, dauerhafte Form. Durch den Eid versucht sich die Gruppe zum eigenen Instrument gegen die sie mit Auflösung bedrohende Serialität zu machen.

Der Eid ist keine subjektive Festlegung. *Er ist die reale Veränderung der Gruppe* durch mein regulatives Handeln. Er ist meine Garantie für die anderen, daß die serielle Alterität über mich nicht in die Gruppe eingeführt wird. Diese Garantie kann freilich nicht die Möglichkeit außer Kraft setzen, daß ich meinen Posten »frei«, d. h. durch meine individuelle Praxis, verlasse und zum Feinde überlaufe. Verrat und Desertion können niemals ausgeschlossen werden, aber ich habe meine Loyalität geschworen, meinen Eid geleistet als Garantie, daß ich meine Freiheit nicht so ausübe. Ich versuche, meine und jedermanns Anwesenheit in der Gruppe als Dritter, als Regulator, als Faktum zu nutzen.

Bislang haben wir aus Gründen der Klarheit zwei Entwicklungen der fusionierenden Gruppe unterschieden: die *überlebende Gruppe* und die *vereidigte Gruppe*. Wir müssen uns jetzt näher mit der Intelligibilität des Eides auseinandersetzen. Individuelle und Gruppen-Praxis der fusionierenden Gruppe haben sich als verständlich erwiesen. Ist die Erfindung des Eides unter ganz bestimmten Umständen ein Prozeß, der dialektisch und verständlich ist? Der Eid wird intelligibel, wenn man ihn als gemeinsames Einwirken der Gruppe auf sich selbst ansieht. Wir haben oben gesagt, daß sich die Gruppe beim gemeinsamen Eid und durch die gemeinsame Eidesleistung einer Umwandlung unterzieht. Wie sieht nun ein Vergleich der Einheit der fusionierenden Gruppe mit der der vereidigten Gruppe aus? Erstere ist eine Fusion angesichts materieller Gefahr. In der vereidigten Gruppe werden die Mitglieder hingegen durch nichts Materielles verbunden; die Gefahr ist nicht eine tatsäch-

liche, sondern nur eine mögliche. Der Ursprung des Eides ist
Furcht. Ist die reale Bedrohung von außen einmal vorüber, so
droht die Gefahr der Zerstreuung und Serialität. Es entsteht
reflektive Furcht.

Da die Gefahr in so weiter Ferne scheint, gibt es nicht genug
zu fürchten, als daß dies die Gruppe zusammenhalten könnte.
Die Voraussetzung für die Dauerhaftigkeit der Gruppe ist somit die Negation der Abwesenheit von Furcht. Die Furcht muß
wiedererfunden werden. Die grundlegende Wiedererfindung
innerhalb des Eides ist der Plan, eine von der Gruppe selbst
erzeugte reale Furcht an die Stelle der äußeren Furcht zu setzen, die sich entfernt und deren Entfernung als trügerisch angesehen wird. Diese Furcht als freies Produkt und als Aktion
der Gruppe gegen die serielle Auflösung ist der durch die *Gewalt* der gemeinsamen Freiheit verursachte *Terror*. Terror ist
die Herrschaft absoluter Gewalt über die Mitglieder einer
Gruppe.

Die entscheidende Basis für diese Umwandlung ist das Risiko
des Todes, das jeder in der Gruppe läuft, als möglicher Faktor
der Auflösung. Die vereidigte Gruppe ist das kollektive Produkt der Wechselbeziehungen, die unter dem Statut der Gewalt zustandegekommen sind. Durch diese Form der Vereinigung wird die Existenz in der Gruppe zu einer Grenze, die nur
mit der Gewißheit des Todes verletzt werden kann. Auf ursprüngliche Praxis zurückgeführt, befindet sich der Mensch in
der Position absoluter Macht des Menschen über den Menschen. Der Eid, das Loyalitätsgelöbnis, dem die Gewalt den
Rücken stärkt, ist der ursprüngliche freie Versuch, in jedem
durch jeden die Angst zu entfachen, insofern sie ständig die
Gewalt als intelligible Negation der individuellen Freiheit
durch gemeinsame Praxis reaktualisieren muß.

Dies also ist der Eid. Seine Intelligibilität ist, da es sich um eine
freie Überschreitung bereits gegebener Elemente auf ein bereits gesetztes Ziel hin handelt, vollständig. Mein Eid bietet
dem und den anderen die Garantie und ermuntert die Gewalt
als sein und ihr Recht, mich zu unterdrücken, falls ich mich nicht
an meinen Eid halte. Aus dem selben Grunde löst der vollkom-
mene Eid Terror aus und bringt den Verrat hervor, da es nun
keine Entschuldigung mehr für Treulosigkeit gibt. Wenn nicht
eine besondere Zwangslage herrscht, kann ich mich zwar auf

einer Stufe bewegen, auf der Gewalt-Terror und Treue-Verrat nicht in ihrer äußersten Form erfahren werden, doch die fundamentale Struktur der vereidigten Gruppe ist, da ich einer möglichen Vernichtung frei zugestimmt habe, die aus Gewalt und Terror. Mein *Recht* über den anderen ist meine *Verpflichtung* gegenüber ihm und beinhaltet den Tod als mein mögliches Schicksal. In diesem Sinne ist die Gewalt überall, und überall ist Terror. Es ist ein Terror, der vereinigt, nicht trennt. Die Individuen finden ihren eigenen Terror beieinander als den gleichen Terror; er ist *hier* und *überall*.

Aber in der vereidigten Gruppe besteht auch die Neigung zu einer *tödlichen Sorge* um meine Gruppenfreunde, meinen mit mir verknüpften Bruder, eine ewige Anwesenheit ohne Zukunft. Wir haben uns zusammen aus dem Schlamm gearbeitet, und nun ist der Bruder, dessen Existenz sich von der meinen nicht unterscheidet, auf mich genauso angewiesen wie ich auf ihn. Geben wir uns, was die »gemeinsame Natur« anbetrifft, keiner Mystifikation hin. Wir sind Brüder, weil wir unsere eigenen Söhne sind: Unsere Brüderlichkeit ist unsere gemeinsame Erfindung; sie ist ein Komplex wechselseitiger und einseitiger Rechte und Verpflichtungen. Zum Beispiel kann das Kennzeichen für die Gruppenmitgliedschaft die Hautfarbe sein. Hierauf kann man sich als Garantie gegen mögliche Treulosigkeit vereidigen lassen. Diese Spezifizierung vorausgesetzt, ist Brüderlichkeit das Recht eines jeden über jeden, und die praktische Verbindungskraft der Brüderlichkeit ist nichts anderes als das Recht und die Verpflichtung eines jeden und aller zu Gewalt und Terror. Tatsächlich gewinnen alle inneren Verhaltensweisen von Individuen in vereidigten Gruppen ihre fürchterliche Macht aus dem Terror selbst. In diesem Sinne ist jeder derselbe für jeden in der Einheit einer gemeinsamen Praxis; aber gerade weil die Wechselseitigkeit nicht Integration ist, gerade weil die Epizentren, obschon verborgen, in vermittelter Wechselseitigkeit erhalten bleiben, gerade weil das andere Ich, das zu mir kommt, sich auch in mir befindet als ein Ich, das ein anderer geworden ist, ist die Möglichkeit des Zwangs oder der Vernichtung gleichzeitig in jeder Wechselbeziehung gegeben. Das Unantastbare konstituiert die fundamentale Struktur des Terrors als juristische Macht; hierher gehören ebenso Häresie, Offenbarung, Gebet, Anbetung. Ohne das von der vereidigten

Gruppe erlassene Gesetz als neues, synthetisches Produkt schüchtert die Freiheit in den menschlichen Beziehungen nicht ein. Der Eid freilich führt die Gewalt als eine auf meine Freiheit durch mich oder andere ausgeübte Arbeit ein.

Fassen wir Sartres Position kurz zusammen. Wir kennen zwei Arten von intelligibler Aktion: die durchsichtige, aber abstrakte Praxis des Individuums und die rudimentäre Praxis der fusionierenden Gruppe. Letztere kann man sich, solange sie undifferenziert ist, als Erweiterung, Verstärkung der individuellen Aktion vorstellen. Ohne differenzierte Organisation ist »dieselbe« Gruppe überall. Die Fusionierung bewahrt somit weitgehend die Durchsichtigkeit der individuellen Praxis. Organisierte Aktionen bringen jedoch ein solches System von Beziehungen und Beziehungen zwischen Beziehungen usw. ins Spiel, daß wir uns noch einmal in vollem Ernst fragen müssen, welche Art von Aktion sich hier zu erkennen gibt. In welchem Maße ist die Aktivität der organisierten Gruppe nicht echte Praxis, sondern die Bewegung eines konstituierten Instruments? Organisation kann eines von beiden oder beides sein: (a) die innere Aktion der Gruppe, durch die sie ihre Strukturen definiert, (b) die Gruppe selbst als strukturierte Aktivität, die auf dem praktischen Feld, an bearbeiteter Materie oder an anderen Gruppen zur Wirkung gelangt.

Die Grundelemente des nun folgenden Abschnitts der *Kritik der dialektischen Vernunft* wollen wir hier zusammenfassen, wobei wir uns nicht strikt an die Sartresche Reihenfolge halten. Die Beziehung zwischen der Aktion der Gruppe und der Aktion ihrer Mitglieder wird fortschreitend unter den folgenden Gesichtspunkten behandelt:

1. Die Gruppen-Aufgabe als Ziel eines Organisationsprozesses.

2. Die Umwandlung des Einzelnen vom unorganisierten Gruppenmitglied zum organisierten Gruppenmitglied. Diese neue Determinierung wird sowohl als Beschränkung wie auch als Bereicherung aufgefaßt.

3. Die Funktion als neues Statut des Menschen in der Organisation. Funktion wird mit dem doppelten Aspekt (a) der praktischen Aufgabe in bezug auf das Objekt, (b) einer menschlichen Beziehung dargestellt.

4. Die Basis einer Logistik der Organisationssysteme (als Viel-

heit und Einheit invertierter und vermittelter Wechselbeziehungen).

5. Die Struktur.

6. Alle unsere Ergebnisse können in einer synthetischen Bewegung, die die Intelligibilität der organisierten Praxis enthüllt, regruppiert werden.

Funktion als Beschränkung der Freiheit eines und durch jeden Dritten basiert auf Gewalt-Terror. Man kann sie unter verschiedenen Perspektiven betrachten. Ihren eindeutigen positiven Gehalt finden wir im Bereich der Aufgabenverteilung, was uns eine positive Definition des organisierten Individuums erlaubt. Bei der Aufgabenverteilung handelt es sich um eine Zuweisung, aber auch um eine Determinierung, d. h. die Aufgabenverteilung ist sowohl etwas Negatives als auch etwas Positives. Sie ist zugleich eine positive (»Mach dies!«) und eine negative Anordnung (»Mach nichts anderes!«). Als Zuweisung-Determinierung schließt ihr Element der positiven Anordnung (»Mach genau dies!«) ein *Recht,* dies zu tun, und eine *Pflicht,* dies zu tun, ein. Das Machtelement in der Funktion ist vorherbestimmt.

Die schwierigen Differenzierungen der Funktionen – sagen wir – einer Fußballmannschaft bestehen aus diachronischen Totalisierungen der Aufgabe und des praktischen Feldes. Funktion in diesem Zusammenhang läßt sich als Gegensatz zu der Funktion des einsam fungierenden Piloten in einem Flugzeug sehen. Auf jeden Fall aber hat jedes Individuum in seiner Funktion bestimmte praktische Entscheidungsmöglichkeiten. Jede Praxis des Individuums in einer Funktion (ob nun als Torwart oder als Pilot) bleibt völlig inintelligibel, wenn man nicht bei den Hilfsmitteln, Methoden, gemeinsamen Zielen, materiellen Bedingungen im Bereich des Handelnden beginnt. Doch gibt es innerhalb der Grenzen der Funktion zwangsläufig eine freie Organisation des Praxis-Feldes. Tatsächlich tritt eine solche Praxis im Kontext von Funktion auf der Basis der besonderen Beschränkungen auf, die die Funktion hervorgebracht hat. Auf dieser Stufe sind die sogenannten individuellen Qualitäten lediglich die Geschichte der technischen Optionen freier dialektisch Handelnder – umgewandelt aber zu funktionalisierten Menschen, Organisations-Menschen.

Aktion ist irreduzibel: Ohne die Spielregeln zu kennen, kann man sie nicht verstehen; sie läßt sich indes keinesfalls auf die Regeln reduzieren. Die individuelle Praxis, die durch ihre konkrete »Verzeitlichung«, ihren speziellen Stil das Gruppen-Individuum *per se* überschreitet, findet man im nachhinein durch jede andere Praxis modifiziert (ein guter Paß im Fußballspiel kann nicht ohne Bezug darauf so bezeichnet werden, was die anderen Spieler daraus machen. Ein guter Paß zu einem schlechten Spieler ist kein guter Spielzug). Ist dies Entfremdung? Die Praxis des einen wird von den anderen bestätigt oder nicht bestätigt. Diese Vermittlung durch den anderen und die Vermittlung dieser Vermittlung führt nun zur seriellen Entfremdung. Wir sind schon auf das Schema des Moments der Notwendigkeit gestoßen. Im »Team-Geist« ist individuelle Praxis die Vermittlung, die sich selbst auslöscht oder negiert, so daß sie von einem Dritten negiert oder bestätigt werden kann. Ihr totales und singuläres Ziel besteht darin, ein bestimmtes Resultat zu produzieren. Was den Fußball-Paß anbelangt, so wird er augenblicklich in die individuelle Praxis eines anderen verwandelt. Hierin liegt innerhalb des Teams die Möglichkeit der Usurpation, der Konfiszierung von Macht und der Rückkehr zur Serialität. Dies ist die Bedrohung auf dieser neuen Stufe. Die einzige spezifische und direkte Aktion der organisierten Gruppe ist die Organisierung und ständige Reorganisierung – mit anderen Worten: ihr Einwirken auf ihre Mitglieder. Mit dieser Organisierung tritt unvermeidlich wieder die Alterität auf.

Jeder dieser Arbeiter, Sportler, Mitkämpfer ist mein Bruder, insofern seine differenzierte Funktion mir meine Funktion zu erfüllen befiehlt oder gestattet. Doch erkennen wir die Brüderlichkeit in ihrer abstrakten Reinheit zwischen heterogenen Individuen als eine unmittelbare und fundamentale Beziehung, die in Abwesenheit einer spezifizierten Beziehung fortbesteht. Funktionale Beziehungen bedeuten Subordination und Koordination. Die organisierte Gruppe bildet einen komplexen Kreislauf von vermittelten Beziehungen. Der neue Typ von Wechselbeziehung, ein Produkt des Einwirkens der Gruppe auf die ursprüngliche Beziehung, enthüllt den ersten Effekt dieses Einwirkens. Die fundamentale Beziehung des ursprünglichen Wechselverhältnisses ist, sobald die Gruppe vereidigt ist, nicht länger direkt, konvergent, spontan; mit dem Eid ist die Wechselbeziehung zentrifugal geworden. Sie ist ein in Abwesenheit der anderen und nicht nur in ihrer Gegenwart aufrechterhaltenes Band. Jeder hat in seiner Isoliertheit Garantie und Imperative, Rechte und Verpflichtungen. Betrachten wir die Situation eines Arztes in einer kleinen Stadt, der kurz vor den Gemeindewahlen dem stellvertretenden Bürgermeister einen Krankenbesuch abstattet; denken wir an den komplizierten Nexus von fester Voraussetzung und Rollenverteilung, durch den ihre Transaktion vermittelt werden muß. Andererseits werden, wenn vermittelte Wechselseitigkeiten von der Gruppen-Praxis frei determiniert sind, jederzeit Risiken eingegangen: Bei jeder Beziehung sind ständig Modifikationen durch Sekundärreaktionen von Wechselseitigkeiten möglich, die auf der Grundlage von Wiederverteilung und Neuorientierung von Aufgaben entwickelt wurden. Das Problem für die Gruppe, die sich im reflektiven Bewußtsein ihrer praktischen Einheit organisiert, besteht weniger darin, zurückwirkende Wechselseitigkeiten gewaltsam zu neutralisieren oder zu unterdrücken, als vielmehr darin, sie sich erneut anzueignen, sie in der Perspektive des bewußt verfolgten Ziels wiederzugewinnen. Jede Gruppe muß ständig Arbeit an sich selbst leisten. *Die organisierte Gruppe ist nur praktisch und lebendig als progressive Synthese einer Pluralität wechselseitiger Felder.* Alle gemeinsame Organisation ist mehrdimensional.

Eine Mathematik der Wechselbeziehungen wäre eine nützliche Aufgabe. Die Frage dabei ist nicht, ob diese wechselseitigen Vielheiten existieren – denn diese bestehen unzweifelhaft in großer Komplexität –, sondern ob bzw. in welchem Ausmaß sie unabhängig von ihrem konkreten Ziel und ihrer konkreten Geschichte in der organisierten Gruppe existieren. Gibt es eine Rohstruktur der Organisation außerhalb des Bereichs von Praxis und Dialektik? *Die Funktion als erlebte Praxis erscheint in ihrer Objektivierung als Struktur.* Struktur ist die Objektivierung der Funktion. Worin besteht dann die Intelligibilität der Struktur?

Struktur

Claude Lévi-Strauss hat beschrieben, daß bei einem von ihm
untersuchten Stamm Verwandtschaftsbeziehungen durch streng
gehandhabte algebraische Regeln festgelegt werden. Bei zwei
Familiengruppen A und B ist die Heirat eines Mannes aus A
mit einem Mädchen aus B ein Plus (+) für Gruppe A und ein
Minus(-) für Gruppe B, und umgekehrt. Allgemein ist der Ver-
lust eines weiblichen Mitgliedes ein (-), der Erwerb eines weiblichen Mitgliedes ein (+). Plus und Minus müssen sich nun die
Waage halten, und das geschieht, indem ein Ungleichgewicht in
einer Generation in der nächsten korrigiert wird. Der Sohn (aus
A) eines Vaters aus A und einer Mutter aus B kann z. B. keine
Tochter der B-Linie heiraten. Eine recht komplizierte und
strenge Algebra scheint am Werke zu sein, wenn es sich um
Heiraten von Vettern und Vettern zweiten Grades usw. handelt. Natürlich ist sich der Stamm dieser Algebra in ihrer
Funktion nicht bewußt. Seine Mitglieder können nur sagen,
daß diese oder jene Heirat möglich oder nicht möglich ist. Es
scheint hier eine völlig erstarrte Struktur vorzuliegen, die dialektisch uneinsehbar zu sein scheint.

Jedes in eine vereidigte Gruppe hineingeborene Individuum
sieht sich einer Situation gegenüber, wo in seinem Namen bereits Gelöbnisse abgelegt worden sind. Es wurde sozusagen in
Vertretung vereidigt, vor seiner Zeit. Sartre stellt fest, daß die
von Lévi-Strauss dargestellte Algebra verständlich wird, wenn
man sie unter den Gesichtspunkten von Verbindlichkeiten,
Eiden, Schwüren, Mächten, Rechten und Verpflichtungen und
den dazugehörigen Zeremonien, Tauf- und Initiationsriten
usw. betrachtet. Er nennt diese Strukturen, sofern ihre anorganische Materialität, z. B. die Algebra der Strukturen der
Verwandtschaftsverhältnisse, von der Gruppe verinnerlicht
und bearbeitet worden ist, *die Notwendigkeit der Freiheit.*
Auf dieser Notwendigkeit beruht meine Praxis; sie beherrscht,
umgrenzt und kanalisiert sie. Sie ist das Sprungbrett für die
Praxis; doch ist die Praxis selbst niemals dieses Gerüst. Die
Gruppe absorbiert die Trägheit, um gegen die Trägheit zu
kämpfen. Diese aktive Passivität ist auf drei Stufen das
Sprungbrett für die Praxis: auf der Stufe der Macht (Freiheit-

126

Terror), auf der Stufe der Funktion (Recht-Pflicht) und auf der Stufe des Gerüsts (Struktur).

Beziehungen innerhalb einer strukturierten Gruppe sind natürlich vermittelte Wechselseitigkeiten. Die Struktur der Gruppe wird ihren Mitgliedern insofern offenbar, als die Gruppe für ihre eigenen Mitglieder ein Quasi-Objekt darstellt. Die Verwandlung der Gruppe in ein Objekt für ihre Mitglieder verwandelt sie nicht in eine Totalität. Sie bleibt eine Totalisierung.

Falls Struktur als eine Form der Objektivierung funktionaler Praxis nicht von weiterer funktionaler Aktivität aufgelöst wird, wird sie wieder verinnerlicht. Der Handelnde realisiert sie in seiner Aktivität auf zwei sich überschneidenden Ebenen: erstens als Arbeit, die die Gruppe auf ihre eigene praktische Vielheit verwendet, um die Praxis von jedermann auf eine gemeinsame Aufgabe hin auszurichten, d. h. die Arbeit, die Gruppe selbst in ein Instrument zu verwandeln; zweitens als Trägheit der Gruppe, die auch seine Trägheit ist. Durch seine Verpflichtung gegenüber der Gruppe erlaubt er sich, eine quantitative Identität anzunehmen. Die äußere Struktur kennzeichnet die innere Erstarrung. Die Vielheit prädeterminierter Beziehungen ist sowohl antidialektische Schranke der Praxis als auch eine Grenze, die durch nichts anderes als die Praxis selbst gesetzt worden ist. Die organisierte Totalisierung bezeichnet und erfordert als Funktion die individuelle Aktion und konstituiert sie als Macht und Instrumentalität. Das in eine Gruppe eintretende Individuum wird sich seiner vorweggenommenen Totalisierung, indem die Grenzen für sein Verhalten gesteckt sind, alsbald bewußt und verfolgt seine Totalisierungsoperation in diesem Kontext.

Die Struktur ist die ganz spezifische Beziehung der Glieder einer Wechselbeziehung: Die Struktur wird, wie Sartre es formuliert, von jedermann, in jeder und durch jede und alle Beziehungen *existiert*.[9] Die strukturelle Vermittlung einer jeden Beziehung ist *in jedem* als Einheit der verinnerlichten Vielheit und *nirgendwo anders*.

Die strukturelle Beziehung in der Gruppe müssen wir nun in Hinsicht auf den reflexiven Aufbau der Gruppe, die reflexive

---

9 Das Verb »existieren« wird hier, wie schon in *Das Sein und das Nichts*, transitiv verwendet.

Erkenntnis, die die Gruppe von sich selbst hat, betrachten. Mit anderen Worten: Fragen nach »Ethik« und »Wahrheit« der Gruppe.

Die Struktur hat den Doppelcharakter eines Objekts und wirksamer *Macht*, die durch die Praxis eines jeden und aller aktualisiert wird. Die strukturelle Idee besitzt eben diesen doppelten Charakter. Die funktionalen Beziehungen bestimmen nicht nur den Abstraktionsgrad des Denkens, sondern die Grenzen ihrer Anwendbarkeit: Das funktionale Bezugssystem ist sowohl ein Instrument der Macht, zu denken, wie es eine Grenze für die Macht, zu denken, darstellt. Ja, das Struktursystem, als verallgemeinerndes System logischer Beziehungen konstituiert, legt die Vermutung nahe, daß intellektuelle Treue zu logischen Prinzipien nur eine Form von Treue zu dem Eid der betreffenden Gruppe, d. h. zu dem ganzen System von Gewalt-Terror, Pflichten-Rechten, Funktionen, Strukturen, Mächten, Instrumentalität ist, das die Gruppe kennzeichnet.

Das Bezugssystem als Gerüst kann, je nach dem Typus analytisch-synthetischer Rationalität, auf verschiedene Art untersucht werden. Doch muß man sorgsam darauf achten, wie man vorgeht. Eine Abbildung der Verwandtschaftsbeziehungen ist eine Konstruktion und kein Gedanke; sie ist gesteuert von synthetischer Erkenntnis, die von ihr nicht selbst zum Ausdruck gebracht wird. Die dialektische Vernunft trägt, kontrolliert und rechtfertigt alle anderen Formen des Denkens, da sie sie erklärt, indem sie ihnen ihren Platz zuweist und sie als nichtdialektische Momente integriert, die, in den dialektischen Kontext gestellt, ihren dialektischen Wert finden.

Stellen wir nun noch einmal durch die dialektische Betrachtung der Struktur als System und Funktion Sinn und Geltungsbereich der Dialektik auf die Probe. Bislang sind wir in unserer Untersuchung auf keine *entscheidend* neuen Probleme gestoßen: Unsere Probleme waren der Eid, die Brüderlichkeit, der Terror, die Gewalt, die Trägheit der Wechselseitigkeit und die Wechselseitigkeit der Trägheit, die Objektivierung. Auf der jetzigen Stufe nun lautet die wirklich entscheidende Frage: Welche Existenzweise charakterisiert die gemeinsame Aktion der Gruppe, insofern sie gemeinsam ist, und nicht, insofern sie sich in eine Vielheit von Funktionen auflöst? Kurz, welcher

Intelligibilitätstyp bestimmt diese Aktion? Was konstituiert seine Dialektik?

Wie wir gesehen haben, hat die Gruppe keine andere Möglichkeit zur Aktion außer in den und durch die Individuen, aus denen sie sich zusammensetzt. In jeder Einzelpraxis ist die Gruppen-Aktion allgegenwärtig, überall die gleiche, immer *hier*. Wie schon in der Einleitung angekündigt und wie es bis hierher der Fall gewesen ist, muß das Verstehen der Dialektik selbst ein Moment der dialektischen Praxis sein. So ist an dieser Stelle unser individuelles Verständnis der Organisationspraxis eine Übung in der dialektischen Praxis. Wie bei allen individuellen Praktiken müssen wir auch hier daran denken, daß unser Verstehen innerhalb der Gruppe, in der wir situiert sind, abläuft. Es wäre falsch anzunehmen, die Gruppe bilde sich aus einer Anzahl von »Individuen«. Das Individuum ist Produzent der Gruppe nur insofern, als es sich zu einem der Gruppe zugehörigen Individuum entwickelt und gleichzeitig durch die Organisierung seines Praxis-Feldes die Gruppe aufbaut.

Doch die Gruppe als Objekt kann von einer Position *außerhalb* der Gruppe wahrgenommen werden. Betrachten wir ein von der Gruppe gejagtes Individuum. Es ist verfolgt und umzingelt. Die organisierte freie Praxis der Gruppe ist größer, wendiger, mächtiger, homogener als seine. Das Feld seiner Praxis wird von dieser monströsen Freiheit unterminiert. Aber ob nun die Gruppe vom Individuum als Objekt-Gruppe, Subjekt-Gruppe oder praktischer Organismus verstanden wird – in jedem Fall wird das gemeinsame Ziel, das die Gruppe zu verfolgen scheint, vom Individuum in der Praxis als das begriffen, auf das hin die Gruppe das Gegebene überschreitet, und dieses praktische Begreifen des Gruppenziels ist *sein* Überschreiten der Gruppe.

Wir müssen hier freilich anmerken, daß uns als Beobachter einer Gruppe von einer Position der Nichtmitgliedschaft aus das Gruppenziel, wenngleich es allen ihren Mitgliedern gemeinsam ist, nur in jedem und durch jedes auf die Gruppe vereidigten und in sie eingegliederten Gruppen-Individuums erscheint. Zugleich *wird die Praxis eines jeden vereidigten und eingegliederten Individuums nicht als bloße Singularisierung der Gruppen-Praxis intelligibel.*

Der Eid als freie Beschränkung der Freiheit ist das Kennzeichen dafür, daß meine eigene Freiheit, sofern sie anders für die anderen ist, von den anderen gegen mich gekehrt werden kann. Die Modalität der Aktion des Individuums entzieht sich oft dem Beobachter außerhalb der Gruppe. Treue, Verrat, Brüderlichkeit-Terror, wie sie in einer anderen Gruppe erlebt werden, kennen wir nur von außerhalb, und wir können sehr leicht den Fehler begehen, eine Praxis zu versuchen, deren intragruppale, auf dem Eid beruhende Modalität uns verlorengeht.

Den Schlüssel zum Geheimnis der augenscheinlichen Homogenität der individuellen und Gruppen-Praxis haben wir bislang nicht gefunden. Wie kann die Gruppe, die sich so sehr von einem Individuum unterscheidet, gemeinsame Aktionen hervorbringen, die dieselbe Grundstruktur zu haben scheinen wie die Aktionen eines Individuums? Wir erkennen die Aufgabenteilung und -verteilung, Regruppierung, Zentralisierung usf. Wie entstehen sie? Manchmal erscheinen sie als von oben auferlegt, manchmal als von unten der Gruppe aufgezwungen. Die Intelligibilität dieses Typs von gemeinsamer Aktion ist die Rationalität von Befehl-Gehorsam im Kontext des Gesamtproblems der Administration – die »Maschinerie« für die Diskussion, Verdeutlichung, Klassifizierung, Planifizierung, die Art und Weise, auf die Übereinkunft erzielt und »Gruppen«-Entscheidungen gefällt werden, und die »Maschinerie« ihrer Implementation. Offenbar müssen wir die Dialektik der Administration dialektisch fassen. Was ist die dialektische Intelligibilität des Übereinkommens? Bei Übereinkünften verschwindet die Vielheit von Identitäten, insofern jede Einsicht alle anderen impliziert; alle werden in einer realisiert. Allgegenwart ist der Einheit reziprok. Sie schließt in ein und derselben Bewegung das Vielfache und das Identische aus. *Wir* kommen überein, nicht: *sie* kommen überein. Das »sie« ist viel augenscheinlicher austauschbar. Jeder »er« oder »sie« kann die zweite Einheit sein. Wenn wir »wir« sagen, ist diese Austauschbarkeit ein nicht expliziter Inhalt unserer vereinigten Wechselseitigkeit. Die Gruppen-Erfindung des auf der wechselseitigen Einheit des »Wir« basierenden Übereinkommens ist eine Form der institutionellen »Wahrheit« als individuelle und Gruppenoperation. Unter bestimmten Umständen ist ein solches Übereinkommen unmöglich, und es gibt Methoden, zu einem Übereinkommen *zwischen uns* zu gelangen, die sich für bestimmte

Formen der Verhandlung zwischen *uns* und *ihnen* als völlig ungeeignet erweisen.

Die Schranken der Aktion sind durch den Nexus der materiellen historischen Umstände vorgeschrieben. Das ist entscheidend. Diese Negation, die Trägheit, die ein Produkt der Praxis ist, stellt jedoch die *conditio sine qua non* der gemeinsamen Aktion dar. Eben durch sie existiert das Gruppenindivdiuum. Das Gruppenindividuum bringt, indem es sich als Gruppenindividuum durch seine eigene Praxis aktualisiert, sich selbst in einem Feld von Kräften ungeheurer Gewalt hervor, die es, weit mehr als es erkennen mag, formen und umformen. Doch dieses »Kräfte-Feld« ist die Gruppe selbst in ständiger Totalisierung; es ist die gemeinsame *Praxis* der Gruppe. Aber solche Praxis als »Kraft« hat sicherlich die Durchsichtigkeit der individuellen Praxis verloren. Wie ist das geschehen? Es gibt keine unvermittelten Wechselseitigkeiten mehr, sondern Wechselseitigkeiten, die »von der Gruppe« geformt und umgeformt worden sind. Auf sie wurde Gruppenarbeit verwendet. Gemeinsame organisatorische Praxis ist zugleich eine Praxis und ein Prozeß, der ursprünglich von Praxis konstituiert wurde, aber nicht ein Bestandteil von Praxis ist. Daher erkennen wir spezielle Gruppenmodalitäten, die in einer Einzelperson unbekannt wären: Struktur, Funktion, Macht und – als Grundlage – den Eid.

Sartre versucht diesen Standpunkt dadurch zu verdeutlichen, daß er an dieser Stelle Praxis und Prozeß vergleicht und gegenüberstellt. In den folgenden Punkten stellt er eine Ähnlichkeit fest: darin, daß

(1) sie beide dialektisch sind;

(2) sie durch ihre Bewegung und Richtung bestimmt sind;

(3) sie die Hindernisse des gemeinsamen Feldes der Gruppe überschreiten;

(4) sie beide vom Ausgangspunkt einer gewissen Bestimmtheit des Feldes der Möglichkeiten her definiert sind, die die Bedeutung ihrer verschiedenen Momente aufzuklären erlaubt;

(5) beide Gewalt, Erschöpfung, dauernder Energieaustausch und dauernde Energieübertragung sind.

Sie sind sich jedoch darin nicht ähnlich, daß

(6) sich die Praxis unmittelbar durch ihr Ziel offenbart: Die zukünftige Bestimmtheit des Feldes der Möglichkeiten ist von

Anfang an durch eine projektive Überschreitung der materiellen Umstände, d. h. durch einen Plan, gesetzt. In jedem Moment der Aktion ist es der Handelnde, der sich selbst in dieser oder jener Haltung hervorbringt, begleitet von diesem oder jenem Bemühen hinsichtlich der gegenwärtigen, durch sein zukünftiges Ziel aufgeklärten Gegebenheiten. Diese Praxis ist frei, weil sie in einer gegebenen Situation, entstanden aus einem gegebenen Bedürfnis oder einer gegebenen Gefahr, ihr eigenes Gesetz in der absoluten Einheit ihres Plans selbst erfindet – als Vermittlung zwischen der bereits gegebenen Objektivität und der noch hervorzubringenden Objektivierung;

(7) der menschliche Gruppenprozeß weder mit einer Lawine oder einer Überschwemmung noch mit einer Einzelreaktion zu vergleichen ist. Er bewahrt alle Merkmale der individuellen Aktion, ausgenommen das, freie Konstitution der Ziele zu sein, weil er durch die gezielte Aktion einer Vielheit von Individuen konstituiert ist. Aber gleichzeitig bekommen diese Charakteristika in ihm das Merkmal der Passivität.

Im Gruppenprozeß erscheint die praktische Aktivität als ungreifbares und flüchtiges Ereignis. In alledem gibt es keinen Determinismus, sondern eine dialektische Entwicklung, die nur unter den Gesichtspunkten der Trägheit einsehbar ist, die eine Vielheit von Handelnden in ihren eigenen gemeinsamen Aktionen hervorrufen. In diesem Bereich ist gemeinschaftliche Praxis nach demselben Schema wie die individuelle Praxis verständlich.

Andererseits offenbart sich der Gruppenprozeß als nicht-totalisiertes Objekt, dessen mit Leben erfüllte Bewegung von mir nicht als von mir ausgehend wahrgenommen wird. Im Gegenteil, ich bin ihm untertan, ich erleide ihn. Jedem wird der Prozeß als etwas, das ich erleide, als objektive Kraft wahrgenommen, die außer mir ist bzw. bei der ich außerhalb bin und die auf mich eindringt. Ist man aber erst einmal in ihn hineingezogen worden, erscheint der Prozeß als völlig unabhängige Realität. Anders ausgedrückt: Der Prozeß gibt sich als von außerhalb bestimmt zu erkennen, wobei alle projektiven und teleologischen Strukturen in ihm absorbiert werden.

Unter einem bestimmten Gesichtspunkt ist der Gruppenprozeß eine konstante Realität unserer Erfahrung. Die Theoretiker haben seine Merkmale nicht erfunden: *sie haben sich nur dafür*

entschieden, *sie zu sehen und auf der Stufe ihrer Inintelligibili-*
tät zu untersuchen. Diese Inintelligibilität ist ein Moment der
Intelligibilität: sie ist der erste Schein, der von bestimmten
Gruppen ausgeht. Sie wird nur dann zur Intelligibilität, wenn
sie in den Kontext ihrer Dialektik eingefügt wird. Der Prozeß
ist die Kehrseite der gemeinsamen Praxis.

Wenn man den Prozeß einfach in der Welt und losgelöst von
der Praxis, seiner fundamentalen Wahrheit, betrachtet, so ergeben sich für diese Untersuchung neue, für die Soziologen jedoch wohlbekannte Aspekte: Trennungen, unbrauchbare Rück-
stände, lokale Verschleiße, Schichtungen, Tendenzen, Rollen-
und Funktionskonflikte usw. Diese Seite des Prozesses zeichnet
die Grenze seiner Intelligibilität. Das Licht, das die Intelligibilität auf den Prozeß wirft, besteht darin, dieses Prozeß-Objekt
als objektivierte Materialität der vereidigten Praxis-Subjekte
zu offenbaren. Diese Materialität der Gruppe ist etwas, dem
ihre Mitglieder unterworfen sind. Doch die Mitglieder formen
sie durch die Praxis, und die Materialität wird in und durch
eben jenen Akt des Sich-ihr-Unterwerfens geformt, insofern sie
sie erleiden. Es besteht daher letztlich eine Identität der individuellen Aktion mit der Aktion der Gruppe, der Aktion der
Gruppe mit der mechanischen Aktion. Und doch gibt es zur
gleichen Zeit einen irreduziblen Gegensatz zwischen den Grup-
penmechanismen und dem Individuum.

Stellen wir uns zwei Personen A und B vor, die sich in einer
gemeinsamen Aktion gegenseitig durch eine in der und durch
die Gruppe vermittelte Wechselseitigkeit totalisieren. Der
gruppenzugehörige Dritte ist aus dieser Dyade ausgeschlossen,
ist aber für sie regulativer Dritter. Aber der Dritte ist wiederum Mitglied einer Dyade, und A und B der ersten Dyade
totalisieren die nun von C und D gebildete Dyade usf. *Der
Dritte* kann ich sein oder du oder er: ich als anderer, er als ich,
du als er usf. Das In-der-Gruppe-Sein manifestiert sich durch
ein doppeltes Scheitern, das jeder gebilligt hat: die Ohnmacht,
die Gruppe zu verlassen, und die Ohnmacht, in sie integriert
zu werden: die Ohnmacht, die Gruppe in seinem Selbst aufzulösen oder in ihr aufgelöst zu werden. *Dieses doppelte Scheitern ist die Grundlage der praktischen Einheit als der absolute
Widerspruch zur ontologischen Einheit.*

Der grundlegende Widerspruch auf allen Ebenen besteht darin, daß die wirkliche Einheit die gemeinsame *Praxis* ist. Wie wir gesagt haben, steht die praktische Einheit in absolutem Widerspruch zur ontologischen Einheit. Einen zweiten Grund für das Trugbild von der Einheit der Gruppe haben wir ebenfalls bereits angedeutet, nämlich daß die Gruppe für die Nicht-Gruppierten und für andere Gruppen als lebendige objektive Totalität erscheint.[10]

Der Eid, die Bindung meiner Zukunft an die Gruppe, ist die Mutter aller Institutionen. Aber welche Transformationen müssen geschehen, bevor die Organisation eine hierarchische Institution wird? Nun, die Grundlage des Terrors besteht darin, daß die Gruppe gar nicht das einheitliche ontologische Statut haben kann, das sie für sich in ihrer Praxis beansprucht. Diese nicht-existente Totalität ist eine Art von innerer Leere – sozusagen die unheilbare Krankheit aller Gruppen. Beispielsweise erfülle ich als vereidigtes Mitglied einer organisierten Gruppe eine Funktion, sagen wir: ich erfülle in ihrem Namen einen Auslandsauftrag. Die Praxis, die die Mission erfüllen muß, enthält die Möglichkeit des Verrats oder die Angst vor einer Beschuldigung und möglichem Exil. Doch setzt innerhalb der Gruppe durch die regulative und geregelte Aktion eines jeden als Dritten, durch die Integration durch jeden Dritten

---

10 Sartre setzt sich hier wohl mit etwas auseinander, was ich Meta-meta-meta-Perspektive oder Perspektive der vierten Ebene genannt habe:

> p = gruppenzugehörige Person
> d = nichtgruppenzugehörige Person
> G = Gruppe

Entweder:

$p \rightarrow G$ $\qquad\qquad\qquad\qquad$ $o \rightarrow G$
p's Bild von der Gruppe $\qquad\qquad$ o's Bild von der Gruppe
$p \rightarrow (o \rightarrow G)$ $\qquad\qquad\qquad$ $o \rightarrow (p \rightarrow (o \rightarrow G))$
p's Bild von o's Bild von der Gruppe $\quad$ o's Bild von p's Bild von o's Bild von der Gruppe

---

$p \rightarrow (o \rightarrow (p \rightarrow (o \rightarrow G)))$
p's Bild von o's Bild von p's Bild von o's Bild von der Gruppe
Oder:
$p \rightarrow G$ $\qquad\qquad\qquad\qquad$ $(\quad o \rightarrow (p \rightarrow G)$
$p \rightarrow (o \rightarrow (p \rightarrow G))$ $\qquad\qquad$ $o \rightarrow (p \rightarrow (o \rightarrow (p \rightarrow G))$

$p \rightarrow (o \rightarrow (p \rightarrow (o \rightarrow (p \rightarrow G))))$

und die Integration eines jeden Dritten eine rotierende Ausschließung ein, eine Folge von Aussperrungen für alle und jeden innerhalb der Gruppe, und zwar ohne formale Koalitionsbildung. Der regulative Akt eines jeden Dritten ist gleichzeitig Interzession und Sezession.

Freie Individualität ist das einzige Mittel (und das einzige Hindernis) zur Bildung der organisierten Gruppe. Wir werden sehen, daß nur in der Praxis und durch die Praxis ein weiteres Trägheitsstatut in der Gruppe erscheint, wenn die organisierte Gruppe ihre Selbstumwandlung in eine Institution beginnt. Dies bedeutet – auf einer neuen Stufe – noch einmal das Wiederaufleben der Serialität in der Einheit. Organisation wird Institution, das organisierte Individuum wird zum institutionalisierten Individuum, die vermittelten Wechselseitigkeiten der organisierten Gruppe werden serielle Verbindungen der Dritten, die alle »im Exil« sind.

Die Gruppe vollzieht beim Übergang von der Organisation zur Institution zwei grundlegende Transformationen:

1. die Transformation der vermittelten Wechselseitigkeiten, wie sie hinsichtlich der vereidigten organisierten Gruppe skizziert worden sind, in eine neue Form von institutioneller Serialität.

2. Mit der Transformation der Organisation in eine souveräne Institution wird die Macht, die dem Individuum bei seiner Unterordnung unter diese neue Form verlorenging, an einem institutionalisierten Ort angesiedelt.

Diese zweite Transformation wirft die Frage nach der Intelligibilität des institutionalisierten hierarchischen Machtsystems auf. Die Institution als Wiedergeburt der Serialität und der Ohnmacht muß, um ihre Dauer durch Gesetze zu sichern, die Macht konsekrieren. Ihre Autorität beruht auf Trägheit und Serialität. Die institutionalisierte Machthierarchie ist weder Praxis noch Prozeß.

Die einzige Einschränkung der Herrschaft eines Menschen über alle anderen ist die einfache Wechselseitigkeit, nämlich die volle Herrschaft eines jeden über jeden. Diese ursprüngliche Beziehung kehrt, wenn sie außerhalb einer Institution erlebt wird, zurück und konstituiert jeden Menschen als Absolutum für irgendeinen anderen Menschen. Diese Wechselbeziehung ist Ko-Souveränität. Die Konzentration von Macht in der insti-

tutionalisierten Souveränität negiert die direkte Wechselseitigkeit durch die Zentralisierung der Macht und bedeutet eine
weitere Entfremdung von der bereits indirekten vermittelten
Wechselseitigkeit der Organisation. Dennoch bleibt die organische Praxis, trotz aller Maskierungen, die einzige und grundlegende Aktionsmodalität. Wenn ich einem Befehl gehorche,
zerstöre ich frei meine Freiheit und entkleide sie ihrer Durchsichtigkeit, um hier, in meinen Muskeln, in meinem arbeitenden Körper, die Freiheit des anderen zu aktualisieren. Es ist
die Freiheit des *anderen*, ob nun anderswo, im anderen oder
hier von mir erlebt, die durch meine Aktion bedeutet wird. Der
Souverän übt seine Macht nicht über eine organisierte Gruppe,
sondern über eine ohnmächtige Serie aus. Er ist Ausbeuter der
Beziehungen der Trägheit. *Seine Macht beruht nicht auf Anerkennung, aber die Anerkennung seiner Macht ist die Verinnerlichung der Ohnmacht, sie zu verweigern.* Durch diese
versteinerte Serie von institutionalisierten Menschen wird eine
neue Form von Entfremdung sichtbar, sobald die institutionel-
le Gruppe mit den Nicht-Gruppierten in Kontakt kommt. Die
Verkörperung der Souveränität durch die Gruppe tritt dann
hervor, wenn das vom Souverän verfolgte Ziel wirklich das gemeinsame Objekt der Gruppe ist. In diesem neuen Moment
der Erfahrung wird die Wirkung der Gruppe auf die Ohnmacht und Zerstreuung ihrer Objekte (der Serialitäten außerhalb der Gruppe) insofern durch den Souverän vermittelt, als
das objektive Ziel der Gruppe in seinen Zielen verkörpert
worden ist, so daß er und die Institution *eins* sind: *L'état c'est
moi.*

*Über die dialektische Erfahrung als Totalisierung: die Stufe
des Konkreten, der Ort der Geschichte*

Die Gruppe entsteht durch die mehr oder weniger weitgehende
Auflösung einer einzelnen Vielheit in der Einheit einer gemeinsamen Praxis. Das Objekt dieser Praxis kann nur hinsichtlich
anderer, durch Serien vermittelter oder nicht durch Serien vermittelter Gruppen, durch andere Gruppen vermittelter oder
nicht durch andere Gruppen vermittelter Umstände und durch
Serien und Gruppen vermittelter oder nicht vermittelter bearbeiteter Materie (*matière ouvrée*) definiert werden. Die Pra-

xis der Gruppe außerhalb ihrer, die Objektivierung ihrer selbst, läßt drei Hauptmerkmale erkennen:

1. Neue und vereinigende praktische Realitäten in der gesellschaftlichen und physikalischen Materialität, die ihr praktisches Feld konstituieren, werden *geschaffen,* sobald die Gruppe außerhalb ihrer handelt. Veränderungen in anderen Gruppen können direkt oder indirekt sein. Da das Feld der Gruppen-Aktion eine synthetische Einheit einer praktischen Totalisierung und dies für jede Gruppe ist, bedeutet das Erscheinen einer anderen Gruppe eine permanente Bedrohung. Dies ist die Basis für die indirekte Veränderung, die ohne direkte Aktion der einen Gruppe auf die andere eintreten kann.

2. Mittels dieser *Gruppen-Alteration* werden die synthetischen Resultate der Gruppe zwangsläufig entfremdet. Jedes von der Gruppe hervorgebrachte Objekt ist vieldimensional. Das gemeinsame Feld ist eine vieldimensionale Unsicherheit. Die Vermittlung zwischen dem objektiven Feld und der Gruppe führt nicht zum historischen Skeptizismus, vielmehr bedeutet sie, daß die Integration der vielfältigen Bedeutungen nur unter einer Perspektive gelingen kann, die die Integration aller Gruppen erlaubt, d. h. sie gelingt nur unter einer historischen Perspektive.

3. Die Gruppe prägt dem Draußen die Trägheit auf, die sie in sich selbst unterdrücken möchte, und aktualisiert dadurch diese Trägheit in sich. Der Kunde als serielles Objekt muß manipuliert werden; aber um den Kunden zu manipulieren, manipuliert der Kaufmann sich selbst. Serialität wird dann in zwei Dimensionen sichtbar: einer vertikalen (hierarchische Gruppe, Manipulationen von Manipulationen) und einer horizontalen (äußere Serialität der Manipulierten).

Es besteht eine fundamentale Wechselseitigkeit zwischen Gruppe und Serie. Beide Seiten bilden das Grundproblem der revolutionären Partei. Die Serie infiziert die Gruppe mit ihrer Passivität, welche die Gruppe verinnerlicht und entweder in ein Instrument zu ihrem eigenen Überleben verwandelt oder von ihr zerstört wird.

Wir haben bereits einige der Merkwürdigkeiten angedeutet, die im Verlaufe dieser Dialektik auftreten können: Die Vorspiegelung von Totalität, Pseudosynthesen, scheinbare Einheiten und die Pseudoeinheiten der äußeren Serie, z. B. der Verbraucher. Diese Dialektik der Gruppen und Serien wird, wie wir gesehen haben, wiederum durch die Praxis konstituiert; sie hat eine doppelte Zirkularität.

(1) Die erste Zirkularität ist statisch. Die Strukturen und Aktionslinien der Gruppe werden durch die Merkmale der Serie, von der sie sich losgerissen hat, bestimmt. Alterität und passive Aktivität werden als Aktionsmittel benutzt. Der Produktionsrhythmus ist, wie die Bewegung der Maschinen, ein Produktionsmittel.

(2) Die zweite Zirkularität hat kein vorgegebenes Gesetz und keine notwendige Folge. Eine fusionierende Gruppe kann sich augenblicklich in Serialität auflösen oder sich über die vereidigte Gruppe zur Institution fortentwickeln. Genauso ist es möglich, daß die Institution direkt aus einem seriellen Kollektiv entsteht. Es ist diese – sofern sie sich in den kreisenden Beziehungen auf allen Ebenen aller sozialen Konkretionen ausdrückt – statische *und* dynamische Zirkularität, die zum Schlußmoment der dialektischen Erfahrung führt. Dieses konkrete Moment der Erfahrung reintegriert alle abstrakten Momente, die wir nacheinander erreicht und überschritten haben: es versetzt sie innerhalb des Konkreten in ihre konkrete Funktion. Zunächst verliert die freie Praxis des isolierten Individuums ihren suspekten Robinson-Crusoe-Charakter: Es gibt kein reines, isoliertes Individuum. Isoliertheit ist eine spezielle Struktur der Sozialität. Niemals werden wir das isolierte Individuum *antreffen*, außer implizit und negativ als ein relatives Moment der konstituierten Dialektik.

Ist das isolierte Individuum eine Abstraktion, so sind die bisher behandelten Kollektive nicht weniger abstrakt. Die Gruppe ohne die Serie und die Serie ohne die Gruppe – beides sind Abstraktionen.

So müssen wir uns in diesem Stadium fragen, ob es denn bei den gesellschaftlichen Realitäten, die wir dargestellt haben, einen spezifischen Status für bestimmte Realitäten gibt. Nehmen wir das Beispiel der Klasse. Eine gesellschaftliche Klasse manifestiert sich gleichzeitig unter drei Statusarten:

1. als institutionalisierter Apparat;
2. als Gruppe (teilweise noch seriell, teilweise organisiert) von fusionierenden und vereidigten Gruppen;

3. als Serie, die ihren Status vom praktischen Feld in den Produktionsverhältnissen zu anderen Klassen und durch sie erhält.

Diese drei in einem Universalschema vereinigten Statusarten ergeben die einfache Realität der Arbeiterklasse des 19.Jahrhunderts in Bewegung. Doch selbst wenn wir die formale Intelligibilität dieser dialektischen Bestimmungen zugestehen – ist es möglich, die Umwandlungen ihrer praktischen Modalitäten zu verstehen? Die erste Notwendigkeit für den Untersuchenden (vorausgesetzt, er hat die notwendigen Informationen usw.) besteht darin, das Verständnis des regulativen Dritten zu verstehen. Er muß

1. ein Verständnis von der freien Praxis der Gruppe haben;
2. den Plan der anderen Gruppe in ihrer Einheit für sie selbst verstehen;
3. in einem neuen Verständnis die überschrittenen Bedingungen als Bestimmung des Plans innerhalb der Gruppe verstehen. D. h. die einmal überschrittenen Bedingungen werden im neuen Licht des Plans gesehen, der diese Bedingungen überschritten hat.

Die einzige Grenze für das Verständnis wird hier nicht durch die Komplexität des Gegenstandes, sondern durch die Situation des Beobachters gesetzt, was deutlich macht, daß das Verständnis eine doppelte Objektivität definiert: seine eigene und das der Gruppe, die es zum Gegenstand hat.

Hier und in anderem Zusammenhang hat Sartre die Praxis am detailliertesten auf der Stufe der vereidigten Gruppe untersucht, wenn auch in dieser nur teilweise. Konkreter in Klassenbegriffen betrachtete Praxis umfaßt, wie wir gesehen haben, verschiedene Stufen; denn eine Klasse ist Praxis und Trägheit, Zerstreuung von Alterität, gemeinsames Feld für eine andere Klasse. Das heißt wohl: Wir müssen einen neuen Typ Praxis ins Auge fassen.

B. Schlußbetrachtung: Das Individuum in einer Klassengesellschaft

Es ist die verstehbare und bedrohliche Praxis des anderen, die ich in ihm zerstören muß. Doch manifestiert sich diese Praxis, als dialektische Organisation der Mittel zur Befriedigung von Bedürfnissen, als freie Entwicklung der Aktion im anderen. Anders ausgedrückt: die Verinnerlichung des Mangels als tödliche Beziehung des Menschen zum Menschen wird selbst durch freie dialektische Überschreitung der materiellen Beziehungen erzielt, wobei sich in eben dieser Überschreitung die Freiheit des anderen ausdrückt.

Gewalt ist das Einwirken von Freiheit auf Freiheit mit materiellen Mitteln. Freie Praxis kann die Freiheit des anderen direkt zerstören oder durch Mystifizierungen und Strategien sozusagen ausklammern. Gewalt kann auch Handlung gegen die Entfremdung sein oder gegen die eigene Freiheit oder die des anderen ausgeübt werden. Gewalt ist in jedem Fall wechselseitige Anerkennung der Freiheit und (wechselseitige oder einseitige) Negation der Freiheit.

Auf der Stufe des Klassenkampfes haben wir es mit Unterdrückung und Ausbeutung zu tun, und in solchen Aktivitäten hat Sartre drei Modalitäten menschlichen Handelns entdeckt: Individuum, Gruppe und Praxis-Prozeß, so daß es möglich ist, dieselben Entwicklungen, wie z. B. Unterdrückung und Ausbeutung, als Praxis und Prozeß zu betrachten. Es ist, logisch und formal, möglich, sich eine Welt vorzustellen, in der die praktischen Vielheiten nicht in Klassen konstituiert werden. Sartre wählt die Hypothese von zwei Klassen in der negativen Wechselseitigkeit des Kampfes.

In jüngster Zeit hat die besitzende Klasse durch den Neopaternalismus und das *human engineering* neue Mystifizierungsstrategien gefunden. Angesichts des intellektuellen Idealismus der analytischen Vernunft des Bürgertums muß der Arbeiter die Vernunft, einem bürgerlich-intellektuellen Kriterium für die Wahrheit entgegenzutreten, neu erfinden. Beide, der kleinbürgerliche und der proletarische Intellektuelle, neigen natürlich ihrerseits dazu, eigene Mystifikationen zu verewigen. Auf einer bestimmten Abstraktionsstufe kommt der Klassenkonflikt in einem Konflikt zwischen Rationalitätsbegriffen zum Ausdruck. Bislang ist Wissenschaft immer ein bürgerliches Unternehmen gewesen. Ihre Form der Vernunft hat nichts besonders Dialektisches, und es scheint auch nicht so, als ob sie dessen bedürfte. Doch ist es eine ganz andere Sache, wenn dies die Menschheit selbst in Frage stellt. Hier wird die Dialektik durch das praktische Bewußtsein der unterdrückten Klasse ihres Kampfes begriffen. Dieses praktische Bewußtsein des Arbeiters ist der »objektive Geist« der werktätigen Klasse. Wenn es möglich ist, die antagonistische Wechselseitigkeit in Individuen zu entziffern, kann dies dann durch die Prozeß-Praxis der Klassen geschehen? Sobald die Praxis sich ihrer Ziele und Mittel nicht mehr bewußt ist – und dies schließt die Ziele und Mittel ihres Gegners und die Mittel, dieser gegnerischen Praxis gegenüberzutreten, ein –, wird sie blind, hört auf, Praxis zu sein, und wird zur unbewußten Komplizin der anderen Aktion, die sie überrennt, manipuliert, entfremdet und als feindliche Kraft gegen ihren eigenen Handelnden kehrt. Ich verstehe den Feind von dem Gegenstand her, der ich für ihn bin. Kampf bedeutet das wechselseitige Erkennen des folgenden durch einen jeden: der Aktion, ihrer Bedingungen; jede Person muß das Verständnis des anderen verstehen. Falls einer der Gegner aufhört zu verstehen, wird er zum manipulierbaren Objekt des anderen. Im Kampf ist jede Person eine Negation der Negation. Der Skandal liegt nicht in der Existenz des anderen, sondern in der erlittenen oder drohenden Gewalt, wie sie in jedermanns Wahrnehmung eines jeden als einem Überzähligen im Mangel erscheint. Im Rahmen des Mangels ist die Rationalität der Praxis eines jeden die Rationalität der Gewalt.

Aber dies ist eine Geschichte, die wir vielleicht jetzt zu erzählen beginnen können.

Inhalt

Bibliothek Suhrkamp

Alphabetisches Verzeichnis der edition suhrkamp